# Topa tudo por dinheiro

Mauricio Stycer

# Topa tudo por dinheiro

As muitas faces do empresário
Silvio Santos

**todavia**

"O único dono que gosta de televisão sou eu"  7

1. Nem homem de imprensa nem político  13
2. A construção do mito  53
3. De animador de comício a candidato presidencial  97
4. Entre Roberto Marinho e Edir Macedo  124
5. "Sou um office boy de luxo do governo"  149
6. SBT significa "Silvio Brincando de Televisão"  176

"Consegui ser dono de uma rede de TV por acaso"  210

Referências bibliográficas  241
Agradecimentos  251
Créditos das imagens  253

# "O único dono que gosta de televisão sou eu"

Inaugurada em 1950, a televisão no Brasil seguiu um padrão nas duas primeiras décadas: para conquistar um canal era preciso ser empresário de comunicação ou político. De um lado, houve Assis Chateaubriand, Paulo Machado de Carvalho e Roberto Marinho, entre outros empresários que vislumbraram na TV uma extensão de seus negócios com jornais, revistas e rádios. Por outro lado, houve deputados, prepostos e homens de negócios que, com menos experiência no campo da comunicação, abraçaram a nova mídia pensando, primeiro, em seus interesses políticos e eleitorais.

A terceira década da televisão no país viu surgir um empresário que não se encaixava em nenhum dos perfis. Silvio Santos não era empresário de comunicação nem político. Era um comerciante, que havia iniciado a carreira como locutor comercial de rádio e enxergou na TV um canal de vendas para o Baú da Felicidade. Tornou-se, como gosta de dizer, vendedor do produto que era ele mesmo – um "animador", nas suas palavras.

Essa originalidade poderia ter restado como mera curiosidade biográfica em caso de insucesso. Não foi o que aconteceu, como se sabe. Alugando horários na TV Paulista (futura Globo) a partir de 1960, ele conquistou o primeiro canal em 1976 e o embrião de uma rede em 1981. Só cresceu desde então. Mais de quatro décadas depois da primeira concessão, é dono de uma rede com cinco canais próprios e quase uma centena de afiliados.

O que mais fascina em Silvio Santos é justamente sua especificidade no campo da comunicação. Empresário e animador ao mesmo tempo. Hábil e talentoso nas duas atividades. Em dezembro de 1970, quando ainda apenas alugava horários nas TVs Globo e Tupi, mas já sonhava com o próprio canal, ele disse algo que repetiria ao longo das décadas: que era, antes de tudo, um comerciante. Durante uma conversa com Regina Penteado, na *Folha de S.Paulo*, houve o seguinte diálogo:

Regina: A que você acha que se deve a adoração que seus funcionários têm por você?
Silvio: À minha lealdade e autenticidade. Porque eu trabalho para uma empresa que, por coincidência, é minha. O Silvio Santos é um produto meu.
Regina: Você vê tudo como um produto?
Silvio: Não, mas o Silvio Santos eu vejo como um produto meu.
Regina: A que você acha que se deve o seu sucesso?
Silvio: Eu sou um bom comerciante.
Regina: Só comerciante? Quer dizer que você não se considera um artista?
Silvio: Eu tenho talento para isso [comércio]. Sou muito otimista. Não tenho medo das coisas. Para mim, cada cruzeiro é um troféu. O importante é competir e vencer.
Regina: Vencer?
Silvio: Quer dizer, o importante é competir. Se não vencer, não importa. A única razão de eu ser empresário, você sabe? São as emoções que isso me dá. É lutar pelos pontinhos do Ibope e sofrer quando estão baixos, é ficar alegre quando estão vencendo.

Ao mesmo tempo, Silvio sempre teve consciência da sua originalidade em relação a seus pares – outros donos de emissoras de TV. Em janeiro de 1990, falando com Regina Echeverria, para *O Estado de S. Paulo*, ele deixou isso claro: "Essa classe dos donos [concessionários] de TV é unida ou desunida?", ela perguntou. E ele:

Não sei se é unida ou desunida. Como são poucos, acho que poderiam tratar melhor da própria classe. Os empresários raramente se reúnem, e sim os seus diretores e executivos. Empresário de televisão, que gosta mesmo de televisão, acho que sou o único. Porque o Adolfo Bloch deve gostar mais de revistas. O Roberto Marinho, pelo que diz, deve gostar mais de jornal, é a alma dele. O Paulo Machado de Carvalho, infelizmente, não está numa situação tão boa, e a impressão que ele sempre nos deu foi de gostar mais de futebol, o Marechal da Vitória. O Saad, o que dizem, embora eu não possa comprovar, é que ele gosta mais de suas plantações de soja ou de negócios laterais que tem. O único que gosta mais de televisão sou eu.

Essa resposta também ajuda a enxergar que, pensando na televisão como um braço auxiliar para a realização dos seus interesses, Silvio não é diferente de outros empresários do ramo. O que o diferencia são os interesses – o comércio, e não negócios de mídia ou a política. Silvio gosta de televisão porque não há mídia melhor para um comerciante. Parece ser sincero quando afirma isso. Em 1969, ele já dizia: "A televisão é o meio mais rápido de promoção para os artigos que o Baú vende. É só isso. Quando e se surgir um veículo de promoção e comunicação mais rápido e eficiente que a TV, então eu vou passar a dedicar e dirigir o Baú para esse outro meio".[1]

[1] Entrevista a Décio Piccinini e Engelber A. Paschoal, em *A Crítica*.

Um vendedor "puro-sangue", porém, não seria capaz de alcançar o que ele conseguiu sem se envolver, pesadamente, tanto com o universo da mídia quanto com a política. E é aí que reside muito do seu interesse – as inúmeras marcas e pegadas que deixou pelo caminho. Nos últimos cinquenta anos, nenhum empresário do ramo da comunicação chegou perto dele em matéria de transparência e exposição pública. Só Assis Chateaubriand, creio, se expôs mais do que Silvio.

Por causa desse duplo papel que exerceu o tempo todo, o de vendedor de si mesmo, Silvio sempre esteve mais exposto ao olhar e à curiosidade do público do que qualquer outro dono de canal de TV. Não por acaso, os seus passos sempre foram seguidos e descritos pela mídia impressa com uma sem-cerimônia jamais dedicada a seus pares. Ele deu dezenas de entrevistas nas últimas cinco décadas, foi objeto de milhares de reportagens e tema de uma infinidade de livros. Só biografias, há seis publicadas.

Mas a leitura dessa montanha de conteúdo mais confunde do que esclarece quem é, realmente, Silvio Santos. Parte da responsabilidade é do próprio empresário. Irreverente, debochado e, transparecendo desdém diante do trabalho da imprensa, ele deu muitas informações imprecisas, contraditórias ou mesmo mentirosas ao longo da carreira. Também foi auxiliado pela conivência de biógrafos que florearam, ignoraram ou omitiram histórias importantes a seu respeito.

Com este livro, busco justamente compreender melhor algumas características de sua trajetória. No primeiro capítulo, ao traçar um breve perfil dos "pais fundadores" da TV no Brasil, realço a singularidade de Silvio Santos, mas mostro que ele, como outros, também recorreu a contratos de gaveta e "testas de ferro" em seus negócios, fez lobby junto aos governos militares, bajulou ministros e, quando foi preciso, omitiu informações à sociedade.

No segundo capítulo, ao ler com atenção todas as biografias de Silvio Santos, procuro mostrar como se ergueu e se fixou toda uma mitologia a seu respeito – repleta de erros, exageros e fatos não comprováveis. Também analiso a confusão causada por Silvio ao lidar com problemas do mundo real – como a quebra do banco Panamericano – recorrendo aos talentos lendários do apresentador de TV.

No capítulo seguinte, descrevo um dos períodos mais terríveis e inexplicáveis da trajetória de Silvio Santos – os cinco anos, entre 1988 e 1992, em que flertou abertamente com a política. Nunca tão exposto quanto naqueles anos, o empresário mostrou uma faceta desconhecida, em nada condizente com a proverbial alegria do animador de auditório.

No quarto capítulo, ponho uma lupa sobre a longa e amistosa relação de Silvio com Roberto Marinho. Mostro como, na condição de cliente da Globo, ele ajudou a emissora em um momento difícil e como, em contrapartida, o dono da emissora carioca foi generoso com o dono do SBT em momentos críticos. Também analiso os desdobramentos de uma relação mais recente, com o dono da Record, Edir Macedo, a quem Silvio faz muitos elogios.

No quinto capítulo, tento entender a complexa relação de Silvio Santos com o jornalismo e os profissionais que atuam nessa área. Em toda a sua trajetória, ele parece enxergar uma incompatibilidade entre o exercício do jornalismo e os seus negócios, o que não favorece suas credenciais de empresário de comunicação.

Por fim, no sexto capítulo, apresento um Silvio Santos menos conhecido – o diretor de programação da própria emissora. Em três décadas, ele foi capaz de jogadas geniais, como a exibição de uma série "depois da novela da Globo" ou do lançamento do reality show *Casa dos Artistas*; mas também cometeu diversos erros no afã de melhorar a audiência do SBT. Trocou mais de vinte vezes o horário de atrações, contratou, demitiu e recontratou funcionários no intervalo de um mês e cancelou programas com potencial. É um comportamento que dá novo significado à sigla SBT: "Silvio Brincando de Televisão", como se diz na própria emissora.

A voz de Silvio, é claro, é muito ouvida neste livro. Reproduzo inúmeras observações que ele fez ao longo de 56 anos, entre 1952 e 2018, por meio de entrevistas, textos de sua própria autoria e menções de interlocutores. Não foi possível, porém, falar pessoalmente com Silvio. Apresentei à sua assessoria um resumo dos temas tratados neste livro, no esforço de ouvi-lo, mas não tive sucesso. "Ele permanece com a mesma atitude de não dar entrevista e depoimentos para livros, filmes e outros, mas lhe deseja sucesso nesta caminhada", respondeu a assessora Maísa Alves.

Este livro propõe basicamente um olhar menos reverencial sobre um personagem indiscutivelmente fascinante – um Silvio além do mito. E busca desfazer equívocos, além de elucidar aspectos até hoje negligenciados pelos biógrafos do empresário.

# I.
# Nem homem de imprensa nem político

Ao se falar dos pioneiros da TV, dá-se muito destaque, com razão, aos artistas, produtores, diretores e técnicos que se desdobraram, com poucos recursos, enorme atraso tecnológico e muito improviso, para realizar os primeiros programas. São muitos os livros que reúnem memórias dessa brava gente que conquistou a televisão. Na falta de registro material, já que tudo foi feito ao vivo nos primeiros dez anos, e incêndios fizeram desaparecer parte importante do que foi produzido na segunda década, essas memórias têm valor precioso, mesmo quando imprecisas ou contraditórias em relação a outros relatos.

Pouco se fala, porém, a respeito dos donos das emissoras de TV. E eles são poucos. Por limitações no espectro da faixa VHF, utilizada desde os primórdios para a concessão de canais abertos, nunca houve mais do que meia dúzia de canais comerciais por cidade no Brasil, quase todos eles vinculados, de alguma forma, às grandes redes nascidas em São Paulo e no Rio de Janeiro. Sobre alguns desses proprietários pioneiros, os mais proeminentes, há alguns livros. Mas, infelizmente, a história da maioria deles não foi registrada. Há pouco material que elucide os seus negócios, objetivos e fracassos.

Entre 1950 e 1967 foram inaugurados dez canais de TV comerciais entre São Paulo e Rio. Não foram os únicos no país, é verdade. Assis Chateaubriand, por exemplo, espalhou emissoras dos Associados pelo Brasil nesse período e algumas outras experiências também tiveram início. Mas esses dez, pelo impacto que tiveram, podem ser considerados os pioneiros da TV aberta brasileira. Falo, em ordem cronológica, de Tupi-SP (1950), Tupi-RJ (1951), Paulista (1952), Record (1953), Rio (1955), Continental (1959), Excelsior-SP (1960), Excelsior-RJ (1963), Globo (1965) e Bandeirantes (1967).

**A primeira geração da TV no Brasil**
1950 – Tupi-SP (fechou em 1980)
1951 – Tupi-RJ (fechou em 1980)
1952 – Paulista (comprada pela Globo em 1964)
1953 – Record (comprada por Edir Macedo em 1989)
1955 – Rio (fechou em 1977)
1959 – Continental (fechou em 1972)
1960 – Excelsior-SP (fechou em 1969)
1963 – Excelsior-RJ (fechou em 1969)
1965 – Globo-RJ
1967 – Bandeirantes-SP

**As concessões ganhas por Silvio Santos**
1976 – TVS-RJ
1981 – SBT (SP, Belém, Porto Alegre, Rio de Janeiro)
1985 – SBT (Brasília)

Entre todos esses canais, apenas Globo e Bandeirantes sobreviveram nas mãos dos empresários que os criaram. Os demais fecharam, tiveram seus sinais cassados ou foram vendidos e trocaram de proprietário ou de nome. Para entender a TV brasileira não basta falar apenas do que deu certo ou reproduzir as memórias dos desbravadores. O que deu errado, creio, pode ajudar ainda mais. E uma das coisas que deram muito errado nesse início da TV foi o projeto de quase todos esses donos de canais pioneiros.

Silvio Santos integra a segunda geração de empresários donos de canais de televisão no Brasil. É preciso dizer que só conseguiu entrar nesse clube por causa do fracasso dos pioneiros. Em 1981, a joia do lote que ganhou do governo era justamente o canal 4, operado nos trinta anos anteriores pela TV Tupi. Mas vários outros empresários ambicionavam o mesmo pacote de canais. Por que justamente ele, cujo perfil não se assemelha ao de nenhum dos empresários da primeira geração da TV, foi contemplado?

Para entender a originalidade de Silvio Santos, é preciso antes traçar um breve perfil dos proprietários que o precederam e dos problemas que enfrentaram.

## Os pais fundadores da TV no Brasil

Para o pioneiro Francisco de Assis Chateaubriand Bandeira de Mello (1892-1968), a televisão parece ter sido uma extensão natural do plano que idealizou muito cedo. Como mostra Fernando Morais na monumental biografia de Chatô, os jornais, revistas, rádios e, por fim, emissoras de TV que constituiu serviam a um ambicioso projeto de poder político e econômico.

Segundo dos quatro filhos de um servidor público remediado, Francisco passou a infância entre Paraíba e Pernambuco, em cidades como Umbuzeiro, Floresta dos Leões (hoje Carpina), Campina Grande, Olinda e Recife. Lutando contra a gagueira e a timidez, só foi alfabetizado aos doze anos. Mas logo se mostrou um estudante interessado e inteligente. No final da adolescência, já estava trabalhando em jornais na capital pernambucana. Em pouco tempo, envolveu-se em polêmicas nos jornais locais e começou a tecer uma rede de contatos preciosa. Advogado formado, mudou-se para o Rio e rapidamente multiplicou o seu capital social. Aos 25 anos, já havia estado até com o presidente da República. E aos 32 assumia o comando de seu primeiro jornal.

Paralelamente à coragem, ao instinto e ao espírito empreendedor que o levaram a criar a maior rede de comunicação no Brasil entre as décadas de 1930 e 1960, Chatô usou e abusou do poder que acumulou com seus veículos para inventar notícias, prejudicar concorrentes, achacar empresários, chantagear políticos e até mesmo alterar leis em benefício próprio.

Segundo Morais, a decisão de ter uma televisão remonta a julho de 1944, quando foi ciceroneado pelo empresário David Sarnoff em uma visita à NBC, em Nova York. Ao regressar da viagem, reuniu um grupo de empresários em São Paulo e informou que planejava importar a nova tecnologia para o Brasil assim que a Segunda Guerra Mundial terminasse.

> Queria que suas indústrias fossem se preparando, porque vocês vão ser os privilegiados que dividirão comigo as glórias de trazer esse invento revolucionário para cá. Os nossos inimigos que se preparem: se só com rádios e jornais os Associados já tiram o sono deles, imaginem quando tivermos na mão um instrumento mágico como a televisão!

A inauguração da TV Tupi só ocorreria seis anos depois, em 18 de setembro de 1950. Os equipamentos, comprados da RCA, dona da NBC, custaram 5 milhões de dólares (o equivalente, em 2018, a 52 milhões de dólares). Morais destaca em sua biografia a famosa anedota segundo a qual, um mês antes da estreia, o engenheiro americano enviado pela rede americana para supervisionar os trabalhos se deu conta de que não existia nenhum aparelho de televisão no Brasil. Chatô, então, determinou a importação de duzentos aparelhos, mas o responsável por fazer a compra observou que, por causa dos trâmites burocráticos normais, a carga demoraria no mínimo dois meses para chegar. "Então traga de contrabando. Eu me responsabilizo. O primeiro receptor que desembarcar, eu mando entregar no Palácio do Catete, como presente meu para o presidente Dutra."

Não que o presidente pudesse usar o aparelho (o alcance da TV inaugurada em São Paulo se limitava a cem quilômetros). "O de Dutra só serviu, durante um ano, como insólita peça de decoração de seu gabinete. [...] Era apenas um agradecimento simbólico aos favores que o jornalista recebera do governo federal no processo de implantação da PRF-3", escreve o autor de *Chatô*, citando o prefixo da Tupi.

Um tema importante na biografia é a batalha que Chatô leva adiante contra a criação da TV Globo. A descoberta, em 1965, de dois contratos do grupo de Roberto Marinho com o conglomerado americano Time-Life levou à criação de uma CPI no Congresso. O total de repasses teria sido de 5 milhões de dólares (o equivalente a cerca de 40 milhões de dólares em 2018). O dono da Tupi escreveu cerca de cinquenta artigos sobre o assunto. Criticou o fato de ministros do governo Castelo Branco apoiarem a iniciativa, usou termos racistas para se referir a Marinho, protestou contra o "neocolonialismo cultural" que significava o acordo e, mais importante, denunciou o que enxergava ser um plano para acabar com a concorrência na área de televisão.

Morais trata a querela com certo ceticismo. "Ou Chateaubriand delirava ou, de fato, o mundo se juntara para reduzir a pó a cadeia que ele levara quase meio século para edificar segundo se podia deduzir de seus próprios artigos", escreve. Mas reconhece, ao final do capítulo dedicado ao assunto:

> No começo de 1967, quando faltavam quinze dias para transferir o governo para o marechal Costa e Silva, o ainda presidente Castelo Branco baixou o decreto-lei nº 236,

que parecia redigido por encomenda para confirmar as suspeitas de Chateaubriand de que de fato tudo não passara de uma conjura para destruí-lo. No artigo 12 do decreto, Castelo limitou a cinco o número de estações de televisão que poderiam pertencer a um mesmo grupo privado (três estações regionais e duas nacionais). Naquela data começava a desmoronar a rede Associada de televisão, cujo prestígio e poder seriam ocupados, anos depois, exatamente pela Rede Globo de Televisão. Assis Chateaubriand perdia a sua primeira grande batalha. Que talvez fosse a última de sua vida.

E, de fato, faz muito sentido ver Roberto Marinho (1904-2003), doze anos mais jovem, como o grande sucessor de Chateaubriand. Com uma ressalva, porém. Marinho foi diretamente responsável pela construção da maior empresa de comunicação no Brasil, mas não partiu do zero, como o criador dos Diários Associados, que comprou *O Jornal* em 1924, aos 32 anos, com recursos obtidos com base no capital político e social que acumulara precocemente.

O pai de Roberto, Irineu Marinho (1876-1925), igualmente jornalista, teve um papel importante no jornalismo brasileiro na segunda década do século XX e criou a base que permitiria a seu primogênito, a partir dos anos 1930, crescer como executivo de jornal. Filho de um imigrante português, Irineu Marinho começou a trabalhar ainda adolescente como suplente de revisor, no jornal *Diário de Notícias*. Na *Gazeta de Notícias*, um dos principais jornais do Rio no início do século, foi revisor, repórter, secretário de redação e diretor financeiro. Em 1911, com capital reunido junto a um conhecido empresário teatral, Celestino da Silva, ao escritor João do Rio e a companheiros da *Gazeta de Notícias*, fundou *A Noite*, um jornal vespertino popular.

Como mostra a cientista social Maria Alice Rezende de Carvalho na ótima biografia *Irineu Marinho: Imprensa e cidade*, *A Noite* ajudou a consolidar um tipo de jornalismo mais noticioso do que opinativo, centrado nos chamados *fait divers*, o noticiário policial e os problemas e conflitos sociais que interessavam ao leitor que Marinho intitulava "Zé Povo". O seu jornal trazia os resultados do jogo do bicho na primeira página e investia em um gênero de reportagem original na época, na qual os seus repórteres simulavam situações para expor corrupção e fraudes. Na mais famosa, em 1915, para denunciar o charlatanismo, um repórter se fantasiou de faquir e, por um mês, atendeu centenas de clientes em um "consultório" montado pelo jornal.

Irineu Marinho foi preso em 1922, acusado de colaborar com o movimento tenentista. Ficou quatro meses detido. Em 1924, passou nove meses na Europa com toda a família (a mulher, os cinco filhos, um médico e uma governanta), em uma viagem para recuperação de problemas de saúde. Em um episódio até hoje não totalmente esclarecido, em março de 1925 perdeu o controle de *A Noite* para um empresário, Geraldo Rocha, a quem havia pedido empréstimos. Mas já era um homem muito rico e bem relacionado àquela altura. Menos de seis meses depois, em 29 de julho, lançou outro vespertino, *O Globo*. Infelizmente, não teve tempo de levar o projeto adiante. Vinte e cinco dias depois, em 21 de agosto, aos 49 anos, morreu de enfarte. Roberto, então secretário particular do pai, não assumiu o seu lugar no jornal. Segundo a sua biografia oficial, escrita pelo jornalista Pedro Bial, dona Chica, mulher de Irineu, havia decidido que o primogênito seria o herdeiro do jornal, mas ele preferiu deixar no lugar o então número dois da redação, Eurycles de Mattos. Só após a morte deste, em 1931, Roberto assumiu o comando de *O Globo*.

Ao fazer um balanço da primeira década de Marinho no comando de *O Globo*, sob a ditadura Vargas, período em que ocupa o posto de representante dos donos de jornais no Conselho Nacional de Imprensa, Bial anota:

> Vimos que, ao tomar as rédeas da redação, tornar-se o dono de fato do jornal, Roberto Marinho se inicia compulsoriamente na política. Vimos também que ele descobre que tem talento político e o dom de estabelecer interlocução em qualquer espectro das correntes de pensamento, dogma ou ideologia. Vimos que Roberto prefere pessoas a ideias, ou melhor, prefere tratar de ideias com pessoas a tratar pessoas como se fossem ideias.

O interesse pela televisão remonta aos primórdios dessa mídia no Brasil. O primeiro pedido de concessão de um canal, enviado ao presidente Dutra, data de 9 de janeiro de 1951, exatamente entre a inauguração da Tupi em São Paulo (18 de setembro de 1950) e a Tupi no Rio (20 de janeiro de 1951). Em 13 de março, já sob a gestão do presidente Getúlio Vargas, a concessão é aprovada pela Comissão Técnica de Rádio, mas dois anos depois, em 24 janeiro de 1953, é revogada. Por quê? Razões políticas, diz *O Globo*. "O indeferimento posterior por parte do presidente Getúlio Vargas contrariou aquele parecer técnico e se informou apenas em evidentes razões políticas. Sempre fomos adversários de certos métodos daquele extinto homem de Estado", afirma o jornal, ao festejar, em julho de 1957, o ato do presidente Juscelino Kubitschek, que restituiu a concessão original.[1] E durante o governo de João Goulart (1961-1964), Marinho consegue uma

---

1 "O Globo, a rádio Globo e o Canal de TV", editorial no alto da primeira página de *O Globo*, em 12 de julho de 1957.

segunda concessão, para um canal em Brasília. "Todos os outros canais, que viriam a formar a Rede Globo, foram comprados mesmo, o Estado não deu mais nada", escreve o biógrafo. "Essa informação é essencial para começarmos logo a investigar algumas 'verdades absolutas' que o senso comum consagrou – entre elas, a de que Roberto Marinho teria se fartado em benesses e facilidades na ditadura militar."

Uma interpretação consagrada por historiadores da mídia respeitados, como Alzira Alves de Abreu, é que a ditadura militar estimulou a formação de grandes redes de comunicação. "Ao mesmo tempo que censuravam matérias e interferiam no conteúdo da informação, os governos militares financiaram a modernização dos meios de comunicação", escreve em *A modernização da imprensa*. "Isso se explica porque, para eles, essa modernização era parte de uma estratégia de segurança nacional. A implantação de um sistema de informação capaz de 'integrar' o país era essencial dentro de um projeto em que o Estado era entendido como o centro irradiador de todas as atividades fundamentais em termos políticos."

A TV Globo, inaugurada em abril de 1965, catorze anos depois do primeiro pedido de concessão, vai se beneficiar enormemente desse timing. Gestada nos dois anos anteriores e nascida com todas as características de uma TV local, como as suas concorrentes, logo encontrou as ferramentas e os recursos necessários para se tornar uma rede nacional. O primeiro impulso foi dado pela criação da Embratel, em setembro de 1965, do Ministério das Comunicações, no mesmo ano, e da Telebrás, em 1972. O governo militar entende como prioridade, do ponto de vista da "segurança nacional", as obras de ampliação e modernização do sistema de telecomunicações e vai criar uma infraestrutura que, ao ser também utilizada pelos canais privados de televisão, tornará possível o alcance nacional da programação.² "A formação de grandes redes, estimuladas pelos militares, exigia investimentos. Foi então que se assistiu à formação dos oligopólios da informação, com recursos obtidos junto ao governo", escreve Alzira Alves de Abreu, e completa:

> Não se deve esquecer que nos anos de regime militar a imprensa escrita, o rádio e a televisão já dependiam fundamentalmente da publicidade para sobreviver, e que os maiores anunciantes eram os órgãos estatais. Valorizando a eficiência técnica e gerencial, o governo entregava sua publicidade aos órgãos da mídia que tinham maior capacidade de circulação.

Entre os empresários pioneiros, o primeiro, talvez, a enxergar que o sucesso da televisão dependia do seu funcionamento em rede foi João Batista do Amaral, o Pipa. Ainda à espera de uma boa pesquisa sobre sua contribuição para a televisão brasileira, ele é bastante mencionado nas biografias de Paulo Machado de Carvalho, de quem era cunhado, e de Walter Clark, de quem foi chefe, além de ser descrito pelo próprio filho em um raro estudo sobre a TV Rio, de autoria de Alcir Henrique da Costa, incluído no livro *Um país no ar*.³

Enquanto Machado de Carvalho é sempre apresentado como um quatrocentão conservador, um típico representante da elite paulista, Pipa Amaral costuma ser associado a adjetivos como "excêntrico", "louco" e "playboy". Desde os anos 1930, os dois atuaram em sociedade em diferentes rádios na capital paulista: Record, Bandeirantes, São Paulo, Panamericana. Em 1943, Pipa propôs ao cunhado a criação das Emissoras

---

2 A esse respeito, ver também *História da televisão brasileira*, de Sérgio Mattos.
3 O livro reúne três capítulos independentes. Sobre a TV Rio, ver: "Rio e Excelsior: projetos fracassados?", de Alcir Henrique da Costa. Há, ainda, "TV à Chateaubriand", de Inimá F. Simões, e "Eu vi um Brasil na TV", de Maria Rita Kehl, sobre telenovelas.

Unidas, uma associação das rádios que possuíam, mais a Cultura, para enfrentar a cadeia de rádios dos Associados (de Chateaubriand) e a rádio Nacional, incorporada à União em 1940.

Assim como Roberto Marinho, Machado de Carvalho e Pipa Amaral ganharam em 1951 concessões para dois canais de TV, um em São Paulo e outro no Rio. A Record foi inaugurada em setembro de 1953 e a TV Rio, em 1955. Por razões mal explicadas, Machado de Carvalho abriu mão de sua participação na TV Rio, deixando 100% das ações para a família do cunhado, e Pipa Amaral ainda reteve 50% das ações da Record, porém sem poder algum de ingerência na emissora. "Um acordo de cavalheiros", segundo Tom Cardoso e Roberto Rockmann, biógrafos de Paulo Machado de Carvalho, conhecido como Marechal da Vitória. Ou, segundo Walter Clark: "Os Machado de Carvalho montariam a TV Rio para o Pipa brincar, e ele só entraria na TV Record, que já estava fazendo dinheiro, como visita ou para pegar a sua parte no lucro, no final do ano".

Desde o primeiro momento, o dono da TV Rio batalhou para fazer transmissões interestaduais. "Pipa Amaral tinha certeza de que o modelo de rede implantado nos Estados Unidos nos anos 1940 seria o futuro da televisão no Brasil. Não bastava apenas ter várias emissoras pelo país, era preciso interligá-las, unir a programação, reduzir custos", escrevem Cardoso e Rockmann. "A ideia de Pipa de formar uma rede, que teria de começar a funcionar com uma ampla parceria nacional entre a TV Rio e a TV Record, esbarrou na visão provinciana do cunhado", reconhecem os biógrafos de Machado de Carvalho. "O tio Paulo, na ocasião, achava que o estado de São Paulo por si só era uma rede, naquela conversa de paulista, achando que São Paulo vai levar tudo", diz João Batista Amaral Filho em depoimento registrado em *Um país no ar*.

José Bonifácio de Oliveira Sobrinho, o Boni, que trabalhou com Walter Clark na TV Rio em 1963, considera essa uma questão essencial na formação do mercado brasileiro. Ele menciona três razões para a televisão brasileira ter ignorado, inicialmente, o modelo americano de redes e adotado o de transmissões locais. As primeiras duas – a ausência de meios técnicos de retransmissão e a inexistência de meios de gravação (o videotape só seria adotado no Brasil em 1960) – são as mesmas que a maior parte dos pesquisadores aponta. Mas o terceiro ponto, a herança do que ele chama de "cultura do rádio", oferece uma perspectiva original sobre os primórdios da TV no país. Boni pontua:

> As emissoras de rádio foram fundadas com baixa potência, destinadas a cobrir o mercado local, no final dos anos 1920. Os mercados eram insípidos e não justificariam investimentos em alta potência ou, mesmo, o estabelecimento de uma cadeia de emissoras que cobrisse todo o país. Como as emissoras apareceram como rádio-clubes, foram dadas concessões locais pelo governo. Mais tarde a tecnologia permitiria a montagem de redes nacionais. Mas os engenheiros brasileiros optaram por potência de transmissão e não por cadeias que exigiriam acordos e sociedades comerciais. Por quê?

E ele mesmo responde:

> Os dirigentes de rádio no Brasil optaram pelo caminho mais confortável, mais fácil e de controle mais simples, mas não pelo que seria mais efetivo. Havia tecnologia. Mas havia também a preocupação de não invadir território alheio para não ser invadido. Esse componente de receio fez com que não se tentasse mudar a legislação. Isso é que eu chamo de "cultura do rádio".[4]

4 Entrevista ao autor.

Essa "cultura do rádio", posteriormente, atrasou o desenvolvimento da televisão. "Mesmo depois do advento das gravações de vídeo, houve resistência à montagem das redes, em razão de pouca percepção do mercado e de interesses políticos e econômicos locais", diz Boni em sua biografia, *O livro de Boni*. O executivo relata um encontro com Paulinho de Carvalho, no qual o filho do fundador da Record, com uma visão atrelada ao mercado de rádio, descartou a formação de rede com a TV Rio. Ele teria argumentado que "cada praça tinha características próprias e seria melhor que cada um continuasse a produzir o que achasse mais adequado para o seu mercado, permutando os programas que viessem a interessar às duas emissoras".

Um episódio exemplar dessa falta de sintonia foi o lançamento da novela *O Direito de Nascer*, em dezembro de 1964, que resultou no primeiro grande sucesso de teledramaturgia no Brasil. Boni conta que negociou em nome da TV Rio os direitos da radionovela com o cubano Félix Caignet (1892-1976). Para sonegar impostos, Caignet teria exigido que parte do valor (6 mil dólares) fosse paga a ele em espécie. Boni e Clark teriam pago essa parcela do próprio bolso e, numa trama rocambolesca, Dercy Gonçalves entregou o dinheiro ao autor no México. Com os direitos garantidos, a TV Rio propôs à Record uma associação – uma situação lógica dada a ligação entre as duas. Mas a família Machado de Carvalho não se interessou. Boni, então, sugeriu uma coprodução à Tupi de São Paulo, que topou o negócio e encampou a produção, liderada por Cassiano Gabus Mendes. Com o sucesso extraordinário da novela, a Tupi paulista prejudicou a audiência da Tupi carioca, que não exibiu o folhetim, e a TV Rio atrapalhou a Record em São Paulo, pelo mesmo motivo. "Um absurdo bem típico do modelo de televisão que o Brasil tinha no início dos anos 60", observa Clark em suas memórias.

Boni conta, ainda, que testemunhou a tentativa de criação de uma rede dos Diários Associados, o Telecentro, em 1966, igualmente sem sucesso. Desde 1957, após um estágio nos Estados Unidos, escreve ele, "estava claro para mim que a operação em rede era o único caminho possível para melhorar a produção, permitir o aumento dos investimentos em tecnologia e diluir custos, oferecendo às agências e aos anunciantes um veículo audiovisual de abrangência nacional". Na Globo, a partir de 1967, ele afirma que a busca por esse modelo foi incessante desde o início, e não apenas com a preocupação de ter uma programação nacional, "mas de criar uma nova forma de comercializar nacionalmente e servir o mercado publicitário de forma mais eficiente".

## A política em primeiro lugar

Entre os pioneiros em São Paulo e no Rio de Janeiro, cabe ainda mencionar brevemente a história de outros quatro canais. Dois deles, Continental e Excelsior, se tornaram, infelizmente, notas de rodapé na história da televisão brasileira porque, apesar dos seus muitos feitos, do ponto de vista de criação e invenção, tiveram vida breve. Já a TV Paulista, ainda que também seja o relato de um insucesso, é fundamental para a história que se quer contar aqui – foi lá que Silvio Santos começou a sua trajetória de homem da televisão. E, por fim, há a Bandeirantes, até hoje em atividade, apesar das muitas dificuldades que sempre enfrentou.

A Paulista foi o terceiro canal a entrar em funcionamento no país, em março de 1952, depois da Tupi paulista (setembro de 1950) e da carioca (janeiro de 1951). A concessão foi dada por Getúlio Vargas ao deputado federal Osvaldo Junqueira Ortiz Monteiro (1908-1984), então em seu primeiro mandato. Natural de Taubaté, formado em direito no Rio de Janeiro,

Ortiz Monteiro presidiu o sindicato da indústria do fumo e, tardiamente, entrou para a política. Filiado ao PTB, elegeu-se, com o apoio de Vargas, deputado federal para o primeiro mandato em 1950. Empossado em fevereiro de 1951, candidatou-se em 1953 à prefeitura de São Paulo, sendo derrotado por Jânio Quadros. Em 1955, vendeu a TV Paulista para Victor Costa. O canal de televisão, definitivamente, não o ajudou na disputa eleitoral.[5]

Victor Costa, por sua vez, tinha experiência como executivo de rádio. Fez carreira na rádio Nacional, chegando à direção-geral em 1951. Segundo o pesquisador Fernando Morgado,[6] foi durante a gestão de Costa que a ideia de se criar uma emissora de TV para a rádio Nacional ganhou força. Alguns testes chegaram a ser feitos, mas o projeto não foi adiante. Ele deixou a rádio em 1954, depois do suicídio de Vargas, de quem era amigo. Em São Paulo, adquiriu as rádios Excelsior, Cultura e Mayrink Veiga e montou a Nacional (sem vínculo com a emissora federal). Por fim, comprou a TV Paulista. Sob o seu comando, o canal, que funcionava em um apartamento na rua da Consolação, prosperou um pouco, mas a sua morte, em 1959, deu início a um período de decadência. Em 1964, alguns dos ativos da Organização Victor Costa, incluindo o canal de TV e a rádio Excelsior, foram adquiridos pela Globo. O canal manteve o nome até 1968 e depois virou Globo.

---

**5** Jânio venceu a eleição com facilidade, obtendo 285 155 votos, contra 115 014 dados a Francisco Antônio Cardoso, 16 662 a André Nunes Júnior e 3901 a Ortiz Monteiro. O resultado, surpreendente, foi assim analisado por Assis Chateaubriand, dono dos Diários Associados: "Estamos diante de um fenômeno dos mais impressionantes da vida política brasileira. Vimos um homem sozinho derrotar o conjunto de oito partidos que dispunham de uma imensa rede radiofônica, da simpatia de poderosos jornais e outros recursos de propaganda".   **6** "Victor Costa: uma vida dedicada à comunicação", in <www.fernandomorgado.com.br>.

O contexto político que cerca a TV Continental, terceiro canal a entrar em funcionamento no Rio de Janeiro, lembra muito o da TV Paulista. Inaugurado em 1959, pertenceu originalmente a Rubens Berardo (1914-1974). Industrial e usineiro, nascido no Recife, ele se transferiu para o Rio, onde exerceu uma bem-sucedida carreira política. Eleito deputado federal pelo PTB em 1954, foi reeleito em 1958 e 1962. Em outubro de 1965, elegeu-se vice-governador da Guanabara, na chapa oposicionista comandada por Negrão de Lima. Com o bipartidarismo imposto pela ditadura militar, filiou-se ao MDB, pelo qual se elegeu deputado federal mais uma vez, em 1970. Foi assassinado dentro de casa, num crime nunca esclarecido, em 1974. Três anos antes, a TV Continental já havia quebrado, supostamente por problemas administrativos. Nos seus doze anos de funcionamento, o canal registrou alguns feitos e exibiu alguns programas notáveis, mas não superou a fase de amadorismo dos primórdios da TV.

Igualmente curta foi a trajetória da TV Excelsior, pertencente ao empresário Mario Wallace Simonsen (1909-1965). O canal foi inaugurado em 9 de julho de 1960 em São Paulo e em 1º de setembro de 1963 no Rio de Janeiro. Simonsen era amigo de João Goulart, eleito vice-presidente do Brasil duas vezes, em 1955 e 1960, e presidente do país a partir de setembro de 1961, devido à renúncia de Jânio Quadros. O enorme investimento inicial declinou fortemente após o golpe militar de 1964. Outras empresas de Simonsen, como a Panair do Brasil, também enfrentaram dificuldades por causa das suas relações políticas com Goulart. Mais ainda que a Continental, a Excelsior teve uma trajetória marcante do ponto de vista do conteúdo que produziu e dos artistas que contratou, mas a sua história foi interrompida muito rapidamente. Em 30 de setembro de 1970, dez anos depois da inauguração, o seu sinal foi tirado do ar pelo governo sob a acusação de desrespeito às normas do Código de Telecomunicações, insolvência financeira e atraso no pagamento de compromissos trabalhistas.

Por fim, cabe um registro sobre a Bandeirantes. Ao lado da Globo, são as únicas da primeira geração que não fecharam ou trocaram de dono. Mas a origem, diretamente ligada ao universo da política, comprometeu a sua trajetória. A história começa em 1947, quando Adhemar de Barros, eleito governador de São Paulo, comprou a rádio Bandeirantes de Pipa do Amaral e Paulo Machado de Carvalho e pediu ao genro, João Saad (1919-1999), casado com sua filha Maria Helena, que resolvesse alguns problemas na empresa. Em 1950, a rádio apoiou as campanhas vitoriosas de Getúlio Vargas para a presidência da República, e de Lucas Nogueira Garcez para o governo do estado. Um ano depois, conforme registrou a *Folha*, Saad fez um trato com o sogro: ele assumiria definitivamente a rádio e ajudaria Adhemar de Barros nas suas futuras campanhas. O sinal da TV foi dado por Getúlio Vargas a Saad em 1952, mas cassado por Juscelino Kubitscheck alguns anos depois. Saad conseguiu recuperar a concessão durante o governo de João Goulart (1961-1964) e inaugurou o canal em maio de 1967, um ano depois da cassação, pelo governo militar, dos direitos políticos de Adhemar, então cumprindo o seu mandato como governador.

Avaliando a trajetória da Band, que completou quarenta anos em 2017, Johnny Saad, filho do fundador, deu o seguinte depoimento a Flávio Ricco e José Armando Vannucci, incluído na *Biografia da televisão brasileira*: "Na medida em que o sogro do meu pai foi cassado, a história política da Bandeirantes morreu ali. O regime militar escolheu uma empresa de cada setor. Em aviação, por exemplo, foi a Varig, e em comunicação não fomos nós porque começamos a mostrar uma postura mais independente". A postura, na visão do filho do fundador, atrasou a concessão de canais importantes, em especial o de Brasília, inaugurado somente em 1983.

## Como o animador Silvio Santos ajudou o empresário

Essa breve história mostra que, antes da chegada das igrejas, a TV brasileira foi um negócio que interessou basicamente a dois tipos de investidores: um deles, e de certa forma previsível, é o empresário de comunicação propriamente dito, que já possuía negócios na área, em particular no rádio ou na imprensa, e entendeu a televisão como uma extensão obrigatória dos seus interesses; o outro tipo, também comum, é o empresário que investiu na TV movido por objetivos políticos.

Silvio Santos não é uma coisa nem outra. A sua história é a de um vendedor que vislumbrou na comunicação a ferramenta mais eficaz para promover os seus produtos. Descontada toda a mitologia criada a seu respeito, Silvio sempre adotou duas "personas", por assim dizer, para transitar em duas estradas paralelas – o comércio e a promoção. Foi assim em todas as atividades que desenvolveu antes de ser dono de um canal de televisão: camelô (comprava canetas no atacado e vendia no varejo), locutor na barca Rio-Niterói (fazendo ele mesmo a corretagem de anúncios), locutor da Nacional e, ao mesmo tempo, dono de um bar ao lado da rádio, no centro de São Paulo. "Se você tivesse que optar por uma única atividade como empresário, qual seria?", quis saber o jornalista Tão Gomes Pinto, em matéria de capa para a *Veja*, em 1975: "Eu seria sempre um homem de vendas", respondeu.

É interessante observar que Silvio frequentemente se refira a si mesmo como "animador" de auditório e não "apresentador" de televisão. É uma diferença significativa e mostra honestidade da parte dele em relação à atividade que pratica, com enorme sucesso, há décadas. "Eu não sou um homem de televisão. Só estou nela por ser um bom negócio. Um ótimo negócio para mim. No dia em que a TV deixar de ser um bom negócio e for bom negócio fabricar automóvel, e isso estiver mais ou menos dentro das minhas possibilidades, eu vou fabricar automóvel, eu vou lapidar diamantes, vou ser um dos melhores profissionais, como médico ou fabricante de diamantes. Eu sou um comerciante. Um profissional. Um homem de negócios", disse ele a Décio Piccinini e Engelber Paschoal, em 1969. "Mas, se aquilo que é bom negócio é também do meu agrado, como a televisão, então a coisa melhora. Eu reúno o útil ao agradável e mando bala. Se amanhã for um bom negócio ser fabricante de cinto para mulher, eu vou tentar montar a maior fábrica de cinto para mulher", completou o raciocínio.

Boni faz uma observação interessante sobre o percurso de Silvio Santos, que ele conheceu nos anos 1950, como locutor comercial na rádio Nacional, em São Paulo. "Na época era comum os locutores de rádio trabalharem na emissora e em alguma agência de publicidade ou mesmo como corretor de anúncios. Silvio fez o caminho inverso. Veio de camelô para o rádio. Já tinha o micróbio do empreendedor."[7]

A televisão, enfim, sempre foi uma extensão natural dos seus interesses – do comércio, e não de negócios de mídia ou da política. Ele teve, porém, que se envolver tanto com uma coisa quanto com a outra para alcançar os seus objetivos. E é aí que reside muito do seu interesse. Ao ser, ele próprio, o garoto-propaganda de tudo o que vendeu, sempre esteve exposto ao olhar e à curiosidade do público, diferentemente dos "pais" fundadores da TV no Brasil. Os seus passos são muito mais

[7] Entrevista ao autor.

conhecidos e foram bem mais escarafunchados. Até o início de 2018, Silvio já havia sido objeto de seis biografias – Chatô e Roberto Marinho têm apenas uma cada um.

Dono do Baú da Felicidade desde o fim da década de 1950, o comerciante criou uma segunda empresa, a Publicidade Silvio Santos, para ajudá-lo na promoção dos negócios. A estreia na televisão, como vendedor dos próprios produtos, ocorreu em 3 de junho de 1960, com o programa *Vamos Brincar de Forca*, na TV Paulista. Victor Costa já havia morrido e o canal era administrado por seus herdeiros. A empresa de Silvio compra uma faixa de trinta minutos na programação noturna do canal, às segundas-feiras, entre 22h e 22h30, para apresentar uma gincana baseada em sorteios e prêmios, cujo objetivo principal era promover as vendas do carnê do Baú. Silvio já apresentava um programa semelhante no rádio.

*Vamos Brincar de Forca* se inspirava no tradicional jogo da forca e tinha entre os candidatos apenas clientes do Baú da Felicidade. Quem errasse uma letra, perdia tudo o que havia acumulado até então. Os vencedores levavam prêmios – brinquedos, eletrodomésticos e utensílios de cozinha.[8] O programa também sorteava vales-brinde, que só podiam ser resgatados na Loja do Baú, em São Paulo. Em 2018, variações do jogo da forca ainda são usadas por Silvio Santos dentro da programação do SBT, em ações promocionais para clientes da marca de cosméticos Jequiti, de sua propriedade.

Em fevereiro de 1963, a faixa noturna da TV Paulista, às segundas-feiras, exibia a seguinte programação: 21h05 – *Hebe e Você*; 21h35 – *Folias do Golias*; 22h – *Vamos Brincar de Forca*; 22h45 – *Telejornal*. Naquele ano, o canal também abre para Silvio Santos espaço em sua grade dominical. Em 2 de junho estreia o *Programa Silvio Santos*, que ocupava duas horas. Este

---

**8** Ver *Almanaque SBT 35 anos*.

primeiro programa aos domingos exibia três quadros, "Cuidado com a Buzina", "Roda Pião" e "Justiça dos Homens".

"Cuidado com a Buzina" é o primeiro dos muitos quadros de calouros apresentados por Silvio na televisão. A disputa se dava em três categorias: talento masculino, feminino e infantil. Os candidatos que sobreviviam à estridente buzina se sentavam em réplicas de calhambeques colocados no palco. Os primeiros jurados foram o radialista Henrique Lobo, o jornalista Celso Teixeira, o crítico José Fernandes e a cantora Claudia Barroso. "Roda Pião" era um jogo de sorte, que premiava clientes do Baú – o princípio da brincadeira segue sendo usado pelo SBT 55 anos depois. Já "Justiça dos Homens" promovia a dramatização de algum caso real, enviado por espectadores. Ao final, pessoas famosas davam um veredicto. Em 1993, o SBT produziu um programa com esse mesmo título, dirigido por Nilton Travesso e apresentação de Eliakim Araújo.

Com a TV Paulista em crise, perto de ser vendida para a Globo, Silvio Santos comprou mais algumas horas da grade. Em 1964, já ocupava cinco horas aos domingos. Também já promovia o "Festival da Casa Própria", que sorteava imóveis aos donos de carnês do Baú.

O princípio básico do grande negócio de Silvio, dirigido às classes C e D, era muito simples. O cliente comprava um carnê, pagava pontualmente as prestações mensais durante um ano e, nesse período, podia ser sorteado, fosse para participar de alguma atividade no programa, fosse para faturar um prêmio. Ao final de doze meses, se estivesse com os pagamentos em dia, o cliente podia retirar mercadorias nas lojas do Baú em valor equivalente ao que havia gasto com o carnê.

Entre os novos quadros, há o "Rodada de Ouro", cujo título remete a algo que Silvio repetirá como um bordão por toda a sua trajetória: "Barras de ouro valem muito mais do que dinheiro". No quadro os clientes do Baú tentavam adivinhar uma palavra sugerindo letras. A cada rodada, havia um prêmio em dinheiro. Na última, o prêmio era uma barra de ouro. Outro quadro dessa época é "Pergunte e Dance", uma gincana de perguntas e respostas que "punia" os erros obrigando o candidato a dançar uma música.

Com a Globo no comando, a partir de 1965, a operação dominical se amplia ainda mais, chegando no fim dos anos 1960 a oito horas aos domingos. Silvio Santos também mantém, ao longo de toda essa década, um horário na TV Tupi em São Paulo. O apelido "Patrão" vem justamente do fato de que Silvio jamais foi funcionário de qualquer emissora. Antes de ter o próprio canal, sempre foi locatário de horários em outras emissoras, com controle total sobre o que seria feito, exibido e comercializado para anunciantes.

Diferentes relatos mostram que Silvio Santos começou a ambicionar a propriedade de um canal de televisão em 1970, dez anos depois de comprar o primeiro horário na TV Paulista. No final da série de entrevistas que deu a Arlindo Silva, de *O Cruzeiro*, em 1972, que resultaram no livro *A vida espetacular de Silvio Santos*, ele observa: "No tocante à Televisão, nós temos tudo – só não temos o Canal".

Na versão ampliada e revista dessa biografia, publicada em 2000 com o título de *A fantástica história de Silvio Santos*, Arlindo conta que o empresário tentou ganhar a concessão dos sinais da TV Excelsior (São Paulo e Rio), fechada em 1969. "Chegou a falar com o dono da emissora, Mario Wallace Simonsen,[9] também proprietário da Panair do Brasil, que o governo militar fechou. A Excelsior estava falindo, mas o governo preferiu declarar a perempção da emissora a vê-la nas mãos de Silvio", escreve Arlindo.

---

[9] Possivelmente referindo-se ao filho do empresário, conhecido como Wallinho, que ficou à frente dos negócios após a morte do pai, em 1965.

Em uma entrevista à *Veja*, publicada em abril de 1971, Silvio fala abertamente do desejo de ter um canal de TV: "As notícias que dizem que eu estou comprando as TVs Record de São Paulo e TV Rio, por 22 milhões de cruzeiros, não têm fundamento. Hoje, tenho um único interesse: comprar as concessões dos canais – 2 (Excelsior do Rio de Janeiro) e 9 (de São Paulo) – cassados no ano passado pelo governo".

"Televisão é um bom negócio?", pergunta a jornalista Eda Maria Romio.

> Não, é um negócio arriscado. Mas não é isso que importa. Como disse, meu objetivo é ter uma emissora, e vou ter. Comecei minha carreira como locutor, como um soldado, e gostaria de terminar como um marechal. Só no dia em que eu tiver uma estação de TV, me sentirei realizado. Se perder algum dinheiro, não faz mal. Estarei gastando no meu hobby.

E descreve em detalhes o esforço que fez para conseguir a concessão do sinal da Excelsior. Ele diz que foi procurado no fim de 1970 por um grupo de funcionários do canal decididos a convencê-lo a comprar. "Então tive uma conversa com os ex-proprietários da emissora e vi que não havia nenhuma possibilidade na compra, porque o passivo da firma era muito alto", diz.

> Mas a insistência dos funcionários fez com que a ideia ganhasse corpo e comecei a achar que uma TV não deveria ser um bicho de sete cabeças porque, praticamente, eu já tenho uma TV que funciona doze horas por semana [total de seus dois programas nas TVs Tupi e Globo], com equipe de produção própria, desenhistas, coreógrafos, bailarinas, cantores, redatores, divulgadores.

Silvio revela, então, que acompanhou uma visita desse grupo de funcionários da Excelsior ao então presidente da República, general Garrastazu Médici. Segundo eles, quatrocentas pessoas ficaram desempregadas com o fim da Excelsior. Silvio disse a Médici, segundo o seu relato à *Veja*, que se comprometia a manter todos os funcionários da Excelsior por mais seis meses, com o salário que recebiam, caso ganhasse a concessão. E prometia, também, pagar todos os salários atrasados até então.

"E o presidente gostou da proposta?", pergunta a revista.

O presidente sabe que os funcionários da Excelsior me convidaram não apenas por eu ser um bom animador de auditório, mas porque sou capaz de cumprir as promessas que faço. Depois de ler o memorial em que os funcionários pediam que eu assumisse a direção da emissora, o presidente me disse: "Acho você um grande animador". E acrescentou: "Vocês escolheram o homem certo para a posição certa, exatamente como eu tenho tentado fazer no meu governo". Sem vaidade, eu acho que o presidente falou a verdade. Tenho muita prática e gosto muito do que estou fazendo. Não sou um sonhador, tenho os pés firmes no chão.

Apesar da confiança em si mesmo e no presidente, a TV não saiu – a concessão foi dada ao Jornal do Brasil.[10] Mas essa entrevista expõe claramente a originalidade de Silvio Santos no reino dos donos de canais de televisão. Nesse e em vários ou-

---

[10] Em 1978, depois de quatro anos tentando implementar o projeto da TVJB, o grupo Jornal do Brasil devolveu as concessões ao governo. O projeto previa uma programação dirigida às classes A e B e contava com mudanças no Código Brasileiro de Telecomunicações que dessem ao poder público ferramentas para controlar a concorrência e evitar "o nivelamento por baixo". Cf. *Circo eletrônico*, de Maria Celeste Mira.

tros momentos de sua trajetória, ele usaria a popularidade do animador para tentar resolver problemas do empresário. Foram os funcionários da Excelsior que pediram a sua ajuda, sublinha. O passivo da empresa era muito alto, mas a "insistência" deles fez com que a ideia ganhasse corpo, informa. Parece orgulhoso ao reproduzir um elogio recebido do ditador ("acho você um grande animador") e não demonstra constrangimento algum em tornar pública a suposta boa intenção de Médici ("Vocês escolheram o homem certo para a posição certa, exatamente como eu tenho tentado fazer no meu governo").

Meses depois, no fim de 1971, surgiu uma segunda oportunidade de conseguir uma televisão. Com dificuldades de manter a TV Rio, João Batista do Amaral, o Pipa, que também era dono de 50% das ações da Record, resolveu vender sua parte no negócio. Ele a ofereceu, naturalmente, ao cunhado, Paulo Machado de Carvalho, dono da outra metade. Os dois, porém, não se acertaram, e Pipa foi ao mercado em busca de um comprador.

Silvio Santos se interessou. Mesmo contra as recomendações do seu diretor administrativo, Dermeval Gonçalves, para quem o passivo da Record estava muito elevado, Silvio resolveu negociar. E, segundo os seus relatos, acreditava estar próximo de fechar a compra das ações quando foi surpreendido com a notícia de que Pipa Amaral havia aceitado uma oferta mais vantajosa do grupo Gerdau.

A boa notícia é que, no mesmo período, Roberto Marinho resolveu renovar o contrato de locação do espaço dominical na grade da Globo, contra a vontade de seus dois principais executivos, Walter Clark e José Bonifácio de Oliveira Sobrinho, que desejavam se livrar de Silvio e ocupar as oito horas alugadas com programação própria. O motivo, explica Boni, era a venda de publicidade:

Apesar da boa convivência com o Silvio, foi se tornando impossível a convivência comercial entre ele e a TV Globo. Havia duas entidades vendendo os comerciais: a Globo durante a semana e o Silvio aos domingos. Até a compatibilidade de preços se tornava impossível. Dr. Roberto gostava muito do Silvio e achava importante o programa dele. Mas o nosso departamento comercial achava a convivência impossível. Assim o Walter Clark e eu decidimos não renovar o contrato dele.[11]

Como já se tornara público, porém, o interesse de Silvio em ter o seu próprio canal, a renovação com a Globo, por cinco anos, incluiu a adição de uma cláusula que o proibia de ser dono de emissoras de TV durante a vigência do contrato. E, como conta o americano Joe Wallach,[12] com a partilha, meio a meio, do que se faturava com publicidade.

Mas o negócio da Record com a Gerdau não durou seis meses. O grupo siderúrgico comprou as ações de Pipa Amaral à espera de uma parceria com o Jornal do Brasil, o que acabou não se concretizando.[13] Por isso, a Gerdau decidiu vender as ações ainda em 1972. E Silvio Santos voltou a se interessar pelo negócio, mas já não podia mais por conta do novo contrato assinado com a Globo. A solução?

Silvio, então, não teve dúvida em agir como outros empresários do ramo e apelou para uma prática bastante conhecida nos negócios de radiodifusão no Brasil: contratos de gaveta e utilização de testas de ferro. Dermeval Gonçalves recorreu a um amigo, um milionário paulista que vivia na Califórnia, Joaquim Cintra Gordinho, que topou colocar o nome no contrato.

[11] Entrevista ao autor. [12] *Meu capítulo na TV Globo*. [13] Conforme *O Marechal da Vitória*.

E assim, em março de 1972, Silvio se tornou "secretamente" dono de 50% das ações da Record.

Dermeval morreu em 2017. Mas seu livro de memórias, relatadas à jornalista Luci Miranda, acrescenta alguns detalhes à história. "O dono do Baú viajou a Amparo, a cem quilômetros da capital paulista, para agradecer ao empresário Gordinho. Durante um almoço, na fazenda Arcadas, os dois se encontraram pela primeira vez. Os documentos foram assinados, regados a muita conversa", escreve Luci.

Silvio Santos teve o cuidado de colocar uma pessoa de sua confiança dentro da Record para mantê-lo a par do que acontecia na emissora. Laudelino de Seixas, ex-piloto, gerente de negócios e homem de confiança de Joaquim, se tornou acionista da emissora com 10% das ações. Foi a forma encontrada por Dermeval para acompanhar de perto os acontecimentos da emissora, já que na prática as decisões deveriam ser tomadas por Silvio Santos. Diz Dermeval: "Nós tivemos o cuidado de manter o Seixas sempre na emissora para evitar qualquer problema, já que o Joaquim vivia no exterior e nós não podíamos dar as caras por lá. Ele nos informava a respeito de tudo".

Dermeval garante que Joaquim Gordinho jamais revelou que o dono da emissora era Silvio Santos. Mas acho muito difícil acreditar que tanto a família Machado de Carvalho quanto Roberto Marinho não soubessem desse arranjo que fez de Silvio sócio do canal paulista. "O Paulinho [Machado de Carvalho] só desconfiava, mas não sabia que eu tinha 50% das ações da empresa", disse Silvio a Getúlio Alencar, do *Estadão*, em agosto de 1983. Nessa entrevista ele confirma que, algum tempo depois de adquirir a metade da emissora, também emprestou dinheiro à família Machado de Carvalho, ficando com mais 10% das ações.

Em 1975, já sob o governo do general Ernesto Geisel, foi aberta uma concorrência pelo sinal do canal 11, no Rio de

Janeiro. Dermeval Gonçalves relata em *A fantástica história de Silvio Santos*, a biografia escrita por Arlindo Silva, uma parte do trabalho de lobby junto ao governo.

O ministro Quandt de Oliveira (das Comunicações) não tinha nenhuma restrição em relação a Silvio, nem o próprio presidente Geisel. Figueiredo muito menos. Eles eram não digo influenciados, mas sentiam o que o povo estava sentindo. Lembro que, várias vezes em que visitamos o Palácio do Planalto, funcionários se reuniram em volta do Silvio, formando uma pequena multidão, fazendo fotos, pedindo autógrafos. Isso acontecia até nas antessalas da presidência. Fomos ao gabinete de Geisel duas vezes. No de Figueiredo, chefe do SNI, várias vezes. Ao Quandt de Oliveira, sempre.

É possível supor que esse trabalho de lobby fosse obrigatório e rotineiro para quem ambicionava conquistar um canal de TV. Muito menos comum é o relato dos bastidores, tornado público pelo biógrafo oficial. A popularidade de Silvio Santos e a sua preocupação permanente em mostrar (ou simular) transparência introduzem essa novidade.

Mas, logo em seguida, Arlindo procura corrigir a impressão de que o Patrão estaria usando sua popularidade como animador para seduzir o governo. E reproduz uma frase dele:

> Na verdade, demonstrei ao pessoal do governo que, no palco, sou um animador, mas que minha verdadeira personalidade não sofre qualquer tipo de influência do personagem vivido em cena. No palco sou um ator, que vive as circunstâncias que envolvem o artista, mas quando acaba o palco sou um empresário como outro qualquer. Acho que eles se surpreenderam comigo como homem de negócios, e aí passaram a acreditar que eu poderia ter um canal de televisão.

Em tempo: em junho de 1975, com a revista *O Cruzeiro* à beira do fim, Arlindo Silva passou a trabalhar para Silvio Santos na função de gerente da assessoria de imprensa e relações-públicas do grupo do empresário.

Em outubro do mesmo ano, um decreto do general Ernesto Geisel concedeu ao empresário o canal 11. Silvio Santos teria dois anos para instalar a TV, mas a inaugurou sete meses depois, em 14 de maio de 1976. O contrato com a Globo foi rompido amigavelmente, com Roberto Marinho dispensando-o de pagamento de multa. E em junho, a família Machado de Carvalho teria descoberto, finalmente, que Silvio Santos era dono da metade da Record.

Por quatro anos, Silvio teria guardado esse segredo, aparentemente enganando a Globo, a Record e quem mais o questionasse a respeito. Em dezembro de 1975, por exemplo, uma reportagem de Alessandro Porro na revista *Realidade* trazia os planos do empresário para o canal 11, ainda a ser inaugurado. Silvio contou que sonhava em ser dono de um canal de TV desde 1971 – e relatou, com riqueza de detalhes, a negociação frustrada pela Gerdau para a compra da Record. "Os gaúchos chegaram à Record com as malas cheias de dinheiro, como se vê nos filmes", narrou. Sobre a segunda parte da história, a de que usou um testa de ferro para adquirir 50% das ações da empresa, nem uma palavra...

Diferentemente dos empresários pioneiros, Silvio Santos tinha consciência de que um canal local, como a TVS no Rio, não seria suficiente para manter o negócio sustentável: "Eu falo de 'emissora', mas é claro que estou pensando em 'rede' para me comunicar com o Brasil inteiro. Esta é a minha grande preocupação e minha grande esperança", diz à revista. "Não quero o canal de TV para ganhar dinheiro; dinheiro eu ganho com o Baú, com o gado", destaca a edição, em letras grandes, abaixo do título "Silvio Santos conta tudo". A frase completa, no corpo da reportagem, é tão demagógica quanto: "Veja, não se trata de dinheiro: dinheiro eu ganho com o Baú, com a financeira, com o gado. Com a minha televisão eu quero é realizar coisas novas, eu quero é lutar, ganhar a simpatia e a confiança do público do Brasil".

Desde o segundo semestre de 1976, quando deixou a Globo, o *Programa Silvio Santos* passou a ser exibido pela Tupi em várias cidades, incluindo São Paulo e Rio de Janeiro. Com a emissora em dificuldades, não foi difícil alugar a grade dominical. O programa também era exibido em São Paulo, pela Record, que tinha Silvio como dono de 50% das ações, e pela TVS, no Rio, de sua propriedade.

A chance de conseguir uma rede surge no início da década de 1980 com a derrocada final da TV Tupi. No dia 15 de julho de 1980, na sequência de uma greve de funcionários causada pelo recebimento de cheques sem fundo no lugar de salários, o governo cassa a concessão dos sete canais da Tupi pertencentes ao grupo Associados (São Paulo, Rio de Janeiro, Belo Horizonte, Porto Alegre, Recife, Fortaleza e Belém). O caos administrativo ao longo dos trinta anos de existência do canal inaugurado por Chateaubriand pode ser resumido numa frase de João Lorêdo, ator, produtor e diretor que atuou desde os primórdios: "A Tupi foi pioneira em tudo, inclusive no atraso dos salários. É um fato incrível, mas as Associadas nunca conseguiram nos pagar em dia, desde a sua inauguração até o dia 17 de julho de 1980".

Aos sete canais da Tupi, o governo acrescentou ainda dois canais disponíveis, um no Rio de Janeiro (Continental) e outro em São Paulo (Excelsior) e abriu uma licitação, oferecendo duas redes, uma com cinco canais e outra com quatro. Nove grupos se habilitaram, entre os quais, além de Silvio Santos, Adolpho Bloch, a Editora Abril e o Jornal do Brasil, mais uma vez.

Um detalhe sobre a ferocidade da disputa é revelado por Pedro Bial na biografia de Roberto Marinho. Segundo o livro, o projeto apresentado pela Manchete ao governo foi feito por uma equipe de engenheiros e técnicos da Globo. "Roberto Marinho escolhe privilegiar a empresa de Adolpho Bloch para dificultar o caminho de adversários que ele considerava mais perigosos", escreve. "Gostava de concorrência, nosso companheiro, mas não gostava de perder."

Do lado de Silvio Santos, também não faltaram episódios que mostram o obstinado empresário em ação sem a máscara do animador. O mais bizarro é a contratação da dupla Dom e Ravel como lobistas, para agradar ao então ministro da Aeronáutica, Délio Jardim de Mattos. Segundo o relato de Arlindo Silva, os intérpretes da ufanista "Eu Te Amo, Meu Brasil", popularizada no início da década de 1970, se diziam boicotados pelos meios de comunicação justamente por causa de suas canções patrióticas. Mattos pediu a Silvio, de quem foi colega na Escola de Paraquedistas, que os ajudasse, e o empresário não apenas abriu espaço para a dupla em seu programa como os contratou como relações-públicas.

Outra ajuda incomum que recebeu no período foi de um jurado de seu programa, Carlos Renato, primo-irmão de Dulce Figueiredo, mulher do então presidente João Figueiredo. "Diversas vezes, acompanhou Silvio ao Planalto para conversas com o general Golbery e com o próprio presidente João", escreve Arlindo.

A concessão foi enfim dada a Silvio Santos e a Adolpho Bloch[14] e assinada em 19 de agosto de 1981. A cerimônia de outorga foi transmitida ao vivo pelo próprio canal 4, ex-Tupi,

---

[14] Bloch só conseguiu colocar a Manchete no ar em 5 de junho de 1983 – e encerraria as suas atividades dezesseis anos depois, em maio de 1999, determinando também a ruína do grupo editorial que o empresário criou a partir da década de 1950.

em São Paulo, que ficou com Silvio. Essa data marca, oficialmente, o início do Sistema Brasileiro de Televisão, a obra maior e a mais duradoura de Silvio Santos, com as suas emissoras próprias e uma centena de afiliadas, que reproduzem a programação e produzem, também, conteúdo próprio.

## Edir Macedo vem aí

Em uma palestra sobre as dificuldades do jornalismo a que assisti em São Paulo, na década de 1990, o palestrante, um profissional do *The New York Times*, começou contando um "causo" pessoal. Disse ele que, alguns anos antes, havia dado uma grande festa em casa para os amigos, todos eles jornalistas, e, a certa altura, quando descia a escada, teve um mal-estar e caiu. Acordou no hospital e nos dias seguintes recebeu visitas de todos os convidados da festa. "Cada um fez um relato diferente sobre o que aconteceu", disse, rindo. Se é difícil para diferentes jornalistas relatarem um mesmo fato de forma semelhante, imagine para empresários e homens de negócios.

O último grande negócio no mercado nacional de televisão ocorreu em 1989, quando Silvio Santos e a família Machado de Carvalho venderam a Record para Edir Macedo, fundador da Igreja Universal do Reino de Deus. Nem tanto pelo valor, 45 milhões de dólares, mas por suas implicações, considero esse um dos acontecimentos mais importantes da história recente da televisão brasileira.

A compra da Record vai estabelecer os três eixos em torno dos quais a TV aberta ainda gira, trinta anos depois. De um lado, a família Marinho, dona de um conglomerado de mídia, com larga tradição no negócio. De outro, Silvio Santos, o comerciante que virou dono da segunda maior rede de TV do país. E, por fim, Edir Macedo, símbolo maior do crescimento e da penetração das Igrejas evangélicas na sociedade brasileira.

Não espanta, por isso, que detalhes e versões desse negócio constem em seis diferentes livros de memórias ou biografias.[15] A flexibilidade da legislação brasileira de comunicações abre espaço para que um negócio dessa natureza e tamanho possa ocorrer longe dos olhos da sociedade. Mas, cotejando as diferentes versões, é possível ter uma ideia razoável do que aconteceu.

Silvio Santos pensava em vender a sua participação na Record desde 1984. Um dos candidatos, Manoel Francisco Nascimento Britto, do *Jornal do Brasil*, associado a João Havelange e à rede Televisa mexicana, chegou a dar um sinal de 1 milhão de dólares, mas desistiu do negócio, no segundo semestre de 1985. Segundo Dermeval Gonçalves, a desistência teria ocorrido depois do terremoto que atingiu a Cidade do México em 19 de setembro daquele ano, causando 5 mil mortes e enormes danos. "A Televisa perdeu mais de 50 milhões de dólares. Com isso, a venda da Record não se concretizou e nós devolvemos o dinheiro", diz o executivo.[16] Vários outros candidatos apareceram, segundo essa versão, incluindo a Abril, o grupo O Dia, Orestes Quércia e Edevaldo Alves da Silva, da rádio Capital.

Em 1989, escreve Arlindo Silva, o SBT estava com um endividamento que correspondia a três meses de faturamento.

---

**15** Refiro-me às biografias de Silvio Santos, Paulo Machado de Carvalho, Edir Macedo, Dermeval Gonçalves, Luiz Sandoval e da dupla formada por Luiz Casali e Carlos Colesanti. **16** Uma outra versão para o insucesso desse negócio é descrita por Cezar Motta, em *Até a última página: Uma história do Jornal do Brasil*. O autor credita o fracasso à dificuldade da família Nascimento Britto em conseguir crédito bancário para efetuar a compra. A moratória declarada pelo governo Sarney em fevereiro de 1987, suspendendo o pagamento dos juros da dívida externa, encerrou de vez as esperanças do Jornal do Brasil de fazer o negócio.

Foi quando a empresa intensificou os esforços para a venda das ações da Record. "Até que apareceu um grupo de pastores para falar comigo", diz o executivo Luiz Sandoval no livro.

Eram dois ou três e chegaram dizendo que queriam comprar a Record. Eu, sem menosprezar ninguém, dei o preço e as condições de pagamento. [...] Após alguns dias, voltaram com um cheque de 5 milhões de dólares. A esta altura, já estávamos falando não só pela nossa parte, mas também pela parte da família Machado de Carvalho. Em pouco mais de uma semana, o negócio estava concluído.

No livro *O Marechal da Vitória*, de Tom Cardoso e Roberto Rockmann, publicado em 2005, é possível encontrar a segunda versão dessa história. Os autores confirmam que Silvio, desde que ganhou a concessão do SBT, queria vender a sua parte da Record. Também informam que, por um acordo firmado com a família Machado de Carvalho em 1976, Silvio só dava palpites nas finanças da Record, sem apitar no conteúdo.

No entanto, Cardoso e Rockmann contam uma história diferente sobre a quase venda das ações de Silvio para Nascimento Britto e Havelange. Segundo eles, foi o dono do SBT que desistiu do negócio, avaliado em 23 milhões de dólares, ao descobrir que a Televisa estava envolvida na história. "Não interessava ao animador vender sua parte das ações a uma empresa tão forte como a Televisa", anotam. A decisão de vender a Record, segundo esse relato, foi tomada pela família, e não por Silvio Santos.

Afundado em dívidas, sem dinheiro para novos investimentos e trabalhando ao lado de um sócio que não via a hora de se livrar das ações, Paulo Machado chamou Paulinho de Carvalho e os netos Paulito e Alfredinho e jogou a toalha: "Chegou a hora de vender a Record. Façam um bom negócio".

Na versão de Cardoso e Rockmann, os interessados na compra foram os mesmos que Arlindo Silva cita em seu livro – Abril, Quércia e rádio Capital –, com uma diferença: "Todas as transações esbarravam no estilo pouco ortodoxo de negociar de Silvio Santos". Até que, em outubro de 1989, dizem, o empresário Alberto Haddad, filiado ao Partido da Reconstrução Nacional, que sustentava a candidatura de Fernando Collor à presidência, fez "uma proposta irrecusável" em nome de "uma nova corporação que ele preferia manter em sigilo", e não de "pastores", como escreve Arlindo Silva. Uma parte do relato coincide nos dois livros: a negociação durou poucos dias. Haddad ofereceu 45 milhões de dólares pela Record.

Ainda segundo o livro *O Marechal da Vitória*, Silvio Santos só aceitou vender depois que Haddad revelou o nome de seu cliente: a Igreja Universal do Reino Deus (IURD). No dia 9 de novembro, escrevem, Odenir Laprovita Vieira assinou um cheque de 1 milhão de dólares, a título de sinal (no livro de Arlindo sobre Silvio Santos seriam 5 milhões de dólares). Pelo acordo firmado, a igreja só teria autonomia nas decisões operacionais da Record depois de pagar a última parcela, em janeiro de 1990.

No dia 5 de janeiro, data do pagamento da última parcela, de 5 milhões de dólares, Laprovita Vieira pediu um prazo maior para quitar a prestação e, ao mesmo tempo, exigiu "plenos poderes para tomar qualquer decisão operacional" dentro da Record. As negociações, segundo o livro, se arrastaram por dois meses, sem chegar a um termo final. Numa reunião em março, num escritório de Silvio Santos, as partes voltaram a negociar. "Quando se ensaiava mais um desentendimento entre os negociantes, um baixinho, careca, de óculos, levantou-se da cadeira irritado e jogou o cheque sobre a mesa: 'Meu nome é Edir Macedo. Vamos acabar logo com isso! Aqui estão os 5 milhões'."

Ao lançar a segunda parte de sua biografia, *Nada a perder 2*, em 2013, Edir Macedo resolveu apresentar a sua versão dos fatos ocorridos um quarto de século antes. É uma visão em parte conflitante com os relatos feitos anteriormente pelos dois vendedores.

O fundador da Igreja Universal do Reino de Deus sustenta que foi ajudado, com informações privilegiadas, sobre a crítica situação financeira da Record, por um funcionário de Silvio Santos. "A empresa faturava 2,5 milhões de dólares por ano e acumulava 20 milhões de dólares em contas a pagar. No fechamento do balanço do ano de 1989, a Record não sobreviveria." E entrega: "Quem nos revelava esses dados era Dermeval Gonçalves, homem de confiança do Grupo Silvio Santos na época e responsável pela venda, hoje executivo da Rede Record".

Macedo não cita o nome de Alberto Haddad, mencionado várias vezes por Cardoso e Rockmann como o enviado da Igreja Universal para negociar a compra. O bispo só fala no pastor Laprovita Vieira, que viria a se eleger deputado federal em 1990. "Eu gostaria que o senhor fosse para São Paulo comprar a Record. Vai em frente e feche o negócio, seu Vieira." A versão de Macedo coincide com as duas outras num ponto: a negociação foi rápida. Mas o criador da Universal dá um tom mais cinematográfico ao negócio:

> Eu sabia que, se aparecesse logo de imediato, a negociação seria superfaturada ou desfeita possivelmente por preconceito. [...] Por isso, seu Vieira comparecia em todas as reuniões com um maço de cigarro à mostra no bolso da camisa. Ninguém desconfiou que era eu quem estava por trás de uma compra tão importante.

Na tal reunião em que revelou a sua identidade, o bispo diz que foi "disfarçado como motorista" de Vieira e, ao se levantar, sua frase teria sido outra: "Já podemos parar com a discussão. Eu sou o bispo Macedo. Sou eu quem estou à frente da compra da Record. Vamos resolver de uma vez por todas esta situação". Depois de ouvir o valor que devia, disse: "Não tem problema, negócio fechado".

Segundo Macedo, Silvio Santos não estava presente nessa reunião e, posteriormente, em encontro cara a cara, teria dito que queria desistir do negócio. "Não quero o dinheiro de volta. Quero quitar a dívida", respondeu o bispo ao dono do SBT. Macedo revela que foi ajudado pelo Plano Collor, decretado logo após a posse do novo presidente, em março de 1990. Sem recursos para pagar as dívidas da Record, Silvio Santos aceitou um "acordo urgente" para concluir o negócio. A desvalorização do dólar, que se seguiu, provocou uma queda no valor das prestações que devia. Antes do fim de 1992, diz Macedo, a dívida estava integralmente paga. Sua explicação? "Cada um acredite no que desejar. Eu tenho certeza absoluta de que foi a ação de Deus."

Dermeval Gonçalves acrescenta detalhes à história. Segundo ele, ao saber que por trás de Laprovita Vieira escondia-se o bispo Edir Macedo, Silvio Santos teria desistido de vender a Record. "Esses caras vão transformar a Record em igreja eletrônica e vão me tirar dois pontos de audiência daqui a alguns anos", teria dito ele ao próprio Dermeval e a Luiz Sandoval. "Você não deve se preocupar com a Igreja, e sim com a sua empresa. Se você não vender a Record, terá que desembolsar muito dinheiro para não deixá-la falir. Ela não sobrevive até o ano que vem", teria respondido Dermeval, convencendo o empresário.

Concluída a negociação, Dermeval aceitou o convite de Edir Macedo e deixou de trabalhar para Silvio Santos, permanecendo como executivo da Record.

"Dermeval, você não sabe o que o Macedo fará com a emissora, como vai acreditar neles?", teria dito Silvio a seu executivo de confiança, que responderia:

> Eu deixei o Ministério da Fazenda e acreditei em você, Silvio, na época em que seus negócios estavam irregulares. O Baú era uma forma de estelionato, e o que é hoje? Eu dei um voto de confiança a você, acreditei nos seus projetos. Farei o mesmo com o Macedo, até porque ele precisa da emissora por causa da Igreja e, pra isso, ele vai ter de investir muito. Caso contrário, ele quebra a cara.[17]

Luiz Sandoval já era o presidente do Grupo Silvio Santos à época, cargo que manteria até 2000, quando pediu demissão na esteira da quebra do banco Panamericano. Ele relembra alguns detalhes curiosos sobre o primeiro encontro entre o dono do SBT e o futuro proprietário da Record:

> Entre alguns interessados, recebi a visita de alguns senhores tendo à frente um industrial, Alberto Haddad, que depois se elegeu deputado federal. Após as negociações de praxe, chegamos à definição do preço e das condições. Não pus fé no negócio até receber em meu escritório o bispo Edir Macedo, então um ilustre desconhecido, que afirmou ser ele o verdadeiro comprador. Com tudo definido com o dr. Paulinho, promovi um encontro do Silvio com o bispo Edir Macedo, que se realizou na minha sala na sede da holding. Durante quase duas horas, o Silvio questionou sobre as intenções do bispo Edir e, curiosamente, sobre sua fé. Terminada a conversa, acompanhamos o bispo até a porta do elevador. Voltando à minha sala, o Silvio fez rasgados elogios ao bispo Edir Macedo, no que estava certo, haja vista o sucesso que alcançou em seus negócios.[18]

---

17 Ver *Dermeval Gonçalves: Nos bastidores da TV brasileira*, de Luci Miranda.
18 Ver *Aprendi fazendo*, de Luiz Sandoval.

Em um livro lançado em 2018, os empresários Luiz Casali e Carlos Colesanti, donos da L&C, contam a Gabriel Priolli que desempenharam, a pedido de Alberto Haddad, o papel de intermediários do negócio, com direito a 5% do valor da compra.[19] Segundo o relato de Casali e Colesanti, a maior dificuldade foi, realmente, convencer Silvio Santos. De acordo com a dupla, Laprovita Vieira se apresentou não como bispo, que era, mas como "um empresário próximo da Igreja". A reunião que formalizou a proposta teria ocorrido na casa de Silvio, no Morumbi, em 8 de novembro de 1989.

Em 2004, depois de "arrumar a casa", contratar alguns nomes de peso e criar programas inspirados na Globo, a Record lançou o slogan "A caminho da liderança". A bravata provocou gargalhadas entre os principais concorrentes, mas o fato é que a emissora conseguiu superar o SBT na vice-liderança em 2007.

Ao longo dessas três décadas sob o comando de Edir Macedo, a Record se prestou, de forma explícita, a um projeto de amplo alcance, com conexões religiosas e políticas. O jornalismo da emissora foi usado, várias vezes, para atacar concorrentes da Igreja Universal, bem como a Globo.

Em outra área de atuação, o Partido Republicano Brasileiro (PRB) se tornou um braço político da IURD. Macedo apoiou os governos Lula e parte do governo Dilma, antes de se afastar e apoiar o impeachment da presidente. O partido alinhou-se posteriormente com o governo Temer e voltou a ocupar cargos no alto escalão.[20] Seu sobrinho, Marcelo Crivella, elegeu-se prefeito do Rio em 2016 e tem contado com uma cobertura generosa da rede de TV.

---

**19** Ver *A sintonia do sucesso*, de Gabriel Priolli. **20** Marcos Pereira, bispo licenciado da IURD e presidente do PRB, foi ministro da Indústria, Comércio Exterior e Serviços entre maio de 2016 e janeiro de 2018.

Desde 2010, a Record desenvolve uma linha de teledramaturgia inspirada em textos bíblicos. Inicialmente com minisséries[21] e, a partir de 2015, com novelas,[22] a emissora descobriu um nicho de audiência importante, responsável pelos seus maiores sucessos. Outra marca determinante da Record nas últimas duas décadas são os programas assistencialistas. Não que os seus dois principais concorrentes não apelem, igualmente, mas na emissora de Edir Macedo esse gênero se tornou obrigatório.

Principais empresários no campo da TV aberta comercial no Brasil na segunda década do século XXI, a família Marinho, Silvio Santos e Edir Macedo representam tipos complementares de empresários da comunicação.

---

[21] *A História de Ester* (2010), *Sansão e Dalila* (2011), *Rei Davi* (2012), *José do Egito* (2013), *Milagres de Jesus* (2014).   [22] *Os Dez Mandamentos* (2015-2016), *A Terra Prometida* (2016-2017), *O Rico e Lázaro* (2017), *Apocalipse* (2017-2018).

## 2.
# A construção do mito

Seis biografias lançadas, dezenas de entrevistas concedidas, milhares de reportagens publicadas... A trajetória de Silvio Santos vem sendo documentada desde o início da década de 1960, quando ele começou a aparecer na televisão. É um material repleto de histórias interessantes, revelações surpreendentes e fatos extraordinários, mas também cheio de erros, omissões e mentiras, cometidos por falhas de apuração jornalística, conivência com a fonte ou por indução do próprio Silvio.

O meu interesse por esse assunto começou, há anos, pela questão da idade. Por que Silvio Santos mentia a idade? Só em 1987, perto dos 57 anos, ele falou abertamente a sua idade verdadeira. Puxando esse fio, fui percebendo como ele construiu boa parte da mitologia que existe a seu respeito, sem muitas testemunhas, lapidando algumas versões que tornam seus feitos da juventude e início da vida adulta ainda mais heroicos. Ao mesmo tempo, sempre que pode, Silvio sugere desdém em relação ao que dizem, como se não estivesse ligando para o que falam ou escrevem a seu respeito. A mitologia começou a ganhar forma em 1969, com a publicação de *Silvio Santos: Vida, luta e glória*, uma revista em quadrinhos que reivindica o lugar de primeira biografia do apresentador. Foi publicada pela editora Prelúdio e vendida em bancas de jornais. Segundo R. F. Lucchetti, autor do texto da HQ, a tiragem de 200 mil exemplares se esgotou rapidamente.

Paulista de Santa Rita do Passa Quatro, nascido em 1930, no mesmo ano em que Silvio Santos, Lucchetti é um dos mais prolíficos autores brasileiros. Escreveu centenas de HQs e livros de pulp fiction nos gêneros policial, suspense ou terror, frequentemente assinando com pseudônimos por exigência dos editores. É autor, também, dos roteiros de alguns dos principais filmes de José Mojica Marins, como *O estranho mundo de Zé do Caixão* e *O despertar da besta*, e de Ivan Cardoso, como *O segredo da múmia* e *Os sete vampiros*.

Reeditada em 2017, pela Avec Editora, de Porto Alegre, *Silvio Santos: Vida, luta e glória* traz um texto de Lucchetti, datado de 31 de outubro de 2016, explicando a gênese da obra. Ele conta que a Prelúdio enfrentava dificuldades em 1969 e, a pedido de um dos sócios, idealizou uma série de revistas para "ajudar a editora a sair do atoleiro em que se encontrava". Uma das sugestões foi uma HQ inspirada em um quadro que Silvio Santos apresentava em seu programa na rádio Nacional, *Histórias que o Povo Conta*.

Lucchetti relata que foi à casa de Silvio Santos, em companhia de um dos diretores da Prelúdio, Armando Augusto Lopes, "amigo pessoal do famoso apresentador", para expor o projeto e pedir autorização para publicá-lo. Silvio, segundo sua narrativa, não fez nenhuma objeção. Até que...

> Quando já nos despedíamos é que me ocorreu uma ideia. E, deixando minha timidez de lado e num rasgo de ousadia que surpreendeu até a mim mesmo, falei para Silvio Santos da possibilidade de fazermos sua biografia contada em histórias em quadrinhos. Percebi o sr. Armando mudar de cor. O mesmo deve ter acontecido comigo. Mas o estrago já estava feito, não tinha como voltar. Porém, qual não foi a nossa surpresa quando ouvimos de Silvio Santos: "Tudo bem".

Segundo Lucchetti, ficou combinado que ele deveria ir toda quinta-feira aos estúdios da rádio Nacional, em São Paulo, para entrevistar Silvio Santos.

Por volta do meio-dia e meia, o Silvio recebia-me numa minúscula sala, colocava o relógio sobre a mesinha e, durante dez minutos, relatava-me episódios de sua vida. Eu ia anotando tudo apressadamente. E, decorridos exatamente dez minutos, ele dava por encerrada a entrevista. Devo ter ido umas quatro ou cinco vezes à rádio.

Esse precioso relato contém ainda esta última pérola: "O Silvio Santos narrou-me até uma certa parte de sua vida e depois disse-me textualmente: 'Daqui em diante, tudo quanto você criar será minha biografia oficial'. Entretanto, não foi o que eu fiz: encerrei-a no ponto que ele terminou de me contar".

A segunda e a terceira página da HQ relatam o nascimento do biografado. "Estamos quase nos últimos dias de 1935. A cidade do Rio de Janeiro se engalana para comemorar mais um nascimento de Jesus", observa o narrador. "Foi exatamente doze dias antes da data magna da cristandade, numa simpática vila da cidade maravilhosa, onde a vida do dia a dia transcorria como tantos outros dias…"

Um quadrinho mostra Alberto, o pai, com o bebê no colo, ao lado da mãe, Rebeca, deitada, e de uma mulher não identificada. "Que Deus o abençoe, meu filho, e jamais o desampare", diz o pai. "Deus jamais desampara um filho seu. E Silvio teve a sorte de nascer no mês de Jesus", diz a mulher. Dois quadrinhos depois, Alberto traz um presente para o bebê, avisando: "Pegue, nenê. É seu. Papai Noel lhe trouxe". E Rebeca diz: "O que é isso? Você não vê que o Silvinho tem apenas treze dias. Suas mãozinhas não poderão segurar o chocalho". E, dois quadrinhos adiante, o narrador conclui: "Assim veio ao mundo Silvio Santos. Era Natal. E sob tão feliz coincidência, ele iria conduzir sua existência".

A quantidade de erros nessas primeiras páginas é surpreendente. O nascimento ocorreu cinco anos antes do registrado na HQ, em 12 de dezembro de 1930. A família Abravanel morava numa vila simples, na Lapa. Alberto e Rebeca eram imigrantes de origem judaica e não comemoravam o Natal. A criança foi batizada como Senor Abravanel, nome que não é citado em momento algum. Na infância, de fato, ele era chamado de "Silvinho", mas o nome artístico, "Silvio Santos", só foi escolhido muitos anos depois.

Pela cronologia da HQ, aos dez anos Silvio conclui o ensino primário, ouve do pai que precisa se matricular no ginásio e diz: "E pretendo também trabalhar. Assim poderei ajudá-lo". Ele opta, então, por se tornar camelô. E começa vendendo capas para proteger o título de eleitor. Era 1945 e o Brasil estava perto de voltar a ter eleições, depois de quinze anos do Estado Novo. "Desde o início, o pequeno Silvio demonstrava grande espírito prático, uma agudeza de observação e seu inseparável sorriso", escreve Lucchetti. "O sorriso é a melhor arma para inspirar confiança. O homem que sorri é um homem confiante, de quem toda gente gosta", diz Silvio, na sequência que o representa como camelô.

Lições como essa multiplicam-se pelo livro. Numa época em que ainda não estava na moda, no Brasil, um certo tipo de literatura de autoajuda empresarial ou sobre empreendedorismo, Silvio Santos dá várias lições a Lucchetti. "Lembre-se que eu comecei minha vida como camelô. Já viu algum camelô ter dificuldade de vender alguma coisa?", diz o apresentador na HQ. Ou ainda: "Nunca soube de alguém que morreu de trabalhar".

Passada a eleição, o camelô decide vender canetas. Ao mostrar para a mãe o produto que adquiriu "diretamente na fábrica", explica que com a venda de uma unidade consegue pagar seis. "Mas tome cuidado com a polícia, Silvio!", alerta Rebeca. "Não se preocupe, mãe. Já contratei um empregado. Ele se encarrega de guardar o caixote e fica alerta. Qualquer anormalidade, ele me avisa."

Na segunda biografia dedicada ao mito, *A vida espetacular de Silvio Santos*, de Arlindo Silva, publicada em 1972, esse "empregado" tem nome. É Leon Abravanel, seu irmão mais novo. "Léo, irmão de Silvio, passou a ajudá-lo na difícil (quão arriscada) atividade de camelô. Enquanto Silvio ficava gritando e vendendo suas bugigangas, Léo ficava de alerta, de olho vivo, para avisar da chegada do 'rapa'", escreve Arlindo Silva.

Em 2000, Arlindo publicou *A fantástica história de Silvio Santos* – é a terceira e, até hoje, melhor biografia do empresário.[1] Na primeira parte, ele republica o livro de 1972, mas acrescenta algumas informações ao relato original, como este, no qual reproduz um depoimento do biografado:

> Eu tinha um "farol", meu companheiro de trabalho. Era o Pedro Borboleta, sobrinho do Adolpho Bloch, o dono da Manchete. O "farol" era a pessoa que ficava ao meu lado, fingindo que comprava bugigangas, quando o guarda aparecia. Várias vezes o "rapa" me pegou. Aí, eu perdia tudo, mas depois começava tudo de novo…[2]

Na biografia escrita por Lucchetti consta um episódio que seria reelaborado posteriormente em outras narrativas – uma visita de Silvio ainda criança ao circo e um diálogo dele com o domador de leões. "O senhor não tem nenhuma sensação de

---

[1] Além das três citadas, cabe mencionar, ainda, outras três: *Silvio Santos, a história de um vencedor*, de Tatiana Chiari, publicada em 2001; *Silvio Santos, a trajetória do mito*, de Fernando Morgado, e *Silvio Santos, a biografia*, de Marcia Batista e Anna Medeiros, ambas publicadas em 2017. [2] O livro de Arlindo Silva ganhou uma segunda edição em 2002, na qual foi adicionado um capítulo para falar do sequestro de Patrícia Abravanel e do próprio Silvio, em 2001, bem como do sucesso do lançamento do reality *Casa dos Artistas*. Uma versão dessa edição, mais compacta, foi lançada em 2017, com o mesmo título, *A fantástica história de Silvio Santos*. É um livro bem menos interessante que o original, de 2000.

medo ao entrar na jaula?", pergunta, para ouvir a seguinte lição: "As feras são como o público. Público e leão são a mesma coisa. Se a gente tem medo, ele nos engole. Lembre-se disso".

A HQ descreve com riqueza de detalhes o "instante decisivo" na vida de Silvio – o seu encontro com o responsável pela repressão aos camelôs no centro do Rio de Janeiro. Esse homem, chamado Renato Meira Lima, teria se encantado com Silvio e, em vez de detê-lo e apreender o seu material, sugeriu que deixasse o ofício e fosse tentar a vida como locutor na rádio Guanabara, comandada por um amigo seu, chamado Jorge Matos.

Silvio fez um teste e foi imediatamente contratado para ganhar 1200 cruzeiros. Em *A vida espetacular de Silvio Santos*, ele diria que ficou em primeiro lugar em um concurso com outros trezentos candidatos, entre os quais Chico Anysio, Celso Teixeira e José Vasconcellos, e o salário era "de apenas 1300 cruzeiros".

Em *Silvio Santos: Vida, luta e glória*, a sua passagem pela rádio Guanabara dura alguns meses. Após ler no jornal que Meira Lima havia deixado a divisão de repressão aos camelôs, volta a vender canetas nas ruas. Já em *A vida espetacular de Silvio Santos*, ele diz que trabalhou apenas um mês e desistiu ao se dar conta de que, como camelô, ganhava 960 cruzeiros por dia, trabalhando apenas 45 minutos – "o tempo exato que o guarda demorava para almoçar".

Os principais relatos sobre a infância de Silvio Santos se baseiam em depoimentos do próprio empresário. Levando em conta que ele só começou a se tornar conhecido com mais de 25 anos, na segunda metade da década de 1950, em São Paulo, os anos iniciais de vida, passados no Rio de Janeiro, nunca mereceram muito interesse de repórteres. Os que se interessaram pela vida de Silvio na década de 1970, em especial Arlindo Silva, não aprofundaram suas pesquisas a esse respeito.

Tome-se, por exemplo, o seu trabalho como camelô, essencial na construção do mito. Não há por que duvidar de que Silvio tenha exercido essa atividade a partir dos quinze anos, mas é curioso observar como ele narrou as peripécias nessa função de diferentes maneiras. Não há registros documentais, nem haveria como ter, tampouco testemunhos de gente que tenha visto o jovem Silvio encantar plateias nas ruas do centro do Rio vendendo canetas ou fugindo do "rapa". Resta aceitar e imprimir a lenda.

## A voz do Patrão

Cinco anos mais velho do que Silvio Santos, Arlindo Silva (1925--2011) foi o maior responsável pela fixação da história e da mitologia a respeito do empresário e apresentador. Primeiro com *A vida espetacular de Silvio Santos* (1972) e depois com *A fantástica história de Silvio Santos* (2000), ele se tornou a principal referência biográfica disponível, e trechos de seus livros vêm sendo reproduzidos por todos que buscam informações sobre o personagem.

Nascido em Tietê, município da região de Sorocaba, em São Paulo, filho de um português e uma espanhola, Arlindo foi criado na fazenda da família "tirando leite, colhendo algodão, mexendo na roça", segundo Luiz Maklouf Carvalho, que o ouviu para escrever a grandiosa biografia de David Nasser, *Cobras criadas*. Com o ginásio e o colegial completos, mudou-se para São Paulo e entrou na Faculdade de Filosofia, Ciências e Letras, mas logo trocou o curso universitário por um emprego de secretário administrativo em uma escola para a formação de comerciários. Em 1943, um conterrâneo conseguiu para ele a vaga de redator do *Diário de S. Paulo*, um jornal dos Diários Associados. Em 1945, passou a fazer reportagens para o *Diário da Noite*, do mesmo grupo. Até que, no fim de 1946, uma reportagem feita para o jornal agradou a Assis Chateaubriand, que mandou republicá--la em *O Cruzeiro*.

Arlindo integrou o time de *O Cruzeiro* entre 1947 e 1975, ano em que a revista deixou de circular. Começou na redação paulista, mas a trocou pela do Rio de Janeiro em 1951. É de sua autoria o relato sobre o suicídio de Getúlio Vargas, em 1954, responsável pela maior tiragem da história da publicação – 720 mil exemplares. Em 1970, num período já de baixo prestígio da revista, voltou a São Paulo para dirigir a sucursal. Foi quando se interessou por um "fenômeno" da televisão. "Era Silvio Santos, com um programa que fascinava o público nas tardes de domingo, e que, por incrível que pareça, era pouco conhecido no Rio."

Essa frase exibe um típico problema nas duas biografias escritas por Arlindo: os exageros em nome da glorificação do personagem. Em 1969, Silvio Santos já arrendava oito horas de programação aos domingos na Globo, das 11h30 às 19h30. Não era pouco conhecido. Ao contrário. Já fazia muito sucesso e rendia muita audiência à emissora.

Em *Como conheci Silvio Santos*, primeiro capítulo do segundo livro, Arlindo relata ter conseguido entrevistar o apresentador em 1971 para uma reportagem publicada em seis páginas em *O Cruzeiro*. Silvio, aparentemente, ficou encantado. O jornalista reproduz o cartão de agradecimento que diz ter recebido do apresentador: "Em nenhum momento um jornalista foi tão amável comigo. Não esperava receber de você tratamento tão nobre. Mesmo de um profissional como você, foi surpreendente a reportagem, tão gentil", agradeceu.

Segundo Arlindo, a edição de *O Cruzeiro* com essa reportagem vendeu muito bem em São Paulo. "Vi que o homem era um filão de ouro como assunto", escreve. "Fiz outras reportagens sobre ele e o programa, e a revista passou a vender mais em São Paulo do que no Rio de Janeiro, o que nunca ocorrera antes", prossegue. "Silvio estava contente, a direção de *O Cruzeiro* estava contente e eu, é claro, estava contente também."

Foi então que o jornalista propôs a realização de uma série de reportagens de caráter biográfico. Por três meses, eles tiveram encontros, registrados em fita. O resultado foi publicado, inicialmente, em dez edições da revista, entre agosto e outubro de 1972. No mesmo ano, a série foi reproduzida em um livro, da editora L. Oren, de São Paulo.

O livro é um trabalho, do ponto de vista jornalístico, altamente preguiçoso, marcado pela imprecisão. Quase tão descuidadamente quanto o fez R. F. Lucchetti, Arlindo reproduz as histórias contadas por Silvio Santos sem checar informações ou cruzar os dados com outras fontes. Não parece trabalho de jornalista, mas de alguém que ligou o gravador, captou as palavras e as publicou.

Algumas histórias, que ajudaram a fixar a imagem de Silvio Santos como um gênio do empreendedorismo, nasceram nesses tempos de juventude e início da vida adulta.

No fim da década de 1940, depois de prestar serviço militar na Aeronáutica (Escola de Paraquedistas), Silvio voltou a trabalhar como locutor em rádio. Arrumou um emprego na Continental, em Niterói. A Arlindo, ele conta que trabalhava das 22h à meia-noite e corria para pegar a última barca, de volta ao Rio de Janeiro. Na tranquilidade do trajeto, diz, teve a ideia de colocar música "para animar as viagens de todas as noites". Deixou a rádio, comprou o equipamento, contratou quatro locutores, passou a vender anúncios e instalou um serviço de alto-falantes nas barcas. Como foi autorizado a fazer isso? Não há informações a respeito. O sucesso o levou também a vender bebidas (cerveja, inclusive) a bordo e a oferecer um bingo aos passageiros. "O negócio se desenvolveu tanto que eu me transformei no primeiro freguês da Antárctica no Rio de Janeiro", diz Silvio, sem questionamento algum de Arlindo. Como foi possível tudo isso ocorrer em um serviço de transporte?

Um dos principais jornais do Rio na década de 1950, o *Diário de Notícias* registra em uma nota de oito parágrafos a existência do serviço criado por Silvio Santos nas barcas. O texto, assinado por "L.", revela o espanto do autor com a "novidade".

> Imagine-se que alguém obteve da direção da companhia autorização para instalar, numa das famosas tartarugas, um alto-falante, através do qual faz as suas propagandas, enxertadas de sambas e outros berreiros populares!

Em outro trecho da nota, "L." levanta uma hipótese para a autorização obtida por Silvio – afugentar os passageiros em direção ao serviço de barcas mais veloz e mais caro. Escreve ele:

> O que se dá constitui, portanto, um absurdo, um abuso inqualificável, para o qual só poderá haver uma explicação: afugentar os passageiros da barca, cuja passagem é Cr$ 1,80, de modo que eles se sirvam das lanchas da Frota Carioca, a Cr$ 3,20 por cabeça, já que, hoje, ambas formam uma empresa só.

Registre-se que a consulta ao arquivo do *Diário de Notícias* mostra que nem "L." nem qualquer outro jornalista apurou, posteriormente, como Silvio obteve essa autorização. O jornal também não investigou se a hipótese do redator era plausível.

O fato é que, dias depois, Silvio respondeu a "L." Em um longo texto, publicado na íntegra, assinado como Senor Abravanel e acrescido da credencial "pela Rede Guanabara de Propaganda", ele reconhece que o redator tem razão em reclamar do barulho: "Não nego que v. s. tenha, em certo ponto, razão. Realmente, sendo longa a viagem, será muito mais agradável fazê-la cochilando ou lendo um bom livro. Para quem pensa assim, realmente, a música perturba".

Porém, observa Abravanel, "ser-me-á fácil provar a v. s. que a maioria absoluta dos passageiros aprova a inovação, bastando para tal invocar o testemunho da própria direção da CCVF, que, em cem dias, não recebeu uma única reclamação".

Silvio desafia "L." a acompanhá-lo em uma viagem e fazer uma pesquisa de satisfação com os passageiros. "Se 90% das opiniões não forem favoráveis a mim, retirarei em 24 horas os alto-falantes", promete. O redator declina o convite, ao pé do texto, observando: "Infelizmente, por motivos irremovíveis, não podemos aceitar o amável convite do sr. Abravanel para um 'plebiscito'. Isso, aliás, caberia à Cantareira, não lhe parece?".[3]

Na falta de maior empenho ou disposição de "L." e do *Diário de Notícias*, a história ficou por isso mesmo.

Outra história imprecisa, que Arlindo também reproduz sem questionar, é a da mudança para São Paulo. Silvio conta que, a certa altura, a barca precisou passar por reparos e, por isso, ele ficou sem trabalhar. Aceitou, então, o convite de um diretor da Antarctica, cujo nome nunca é citado, para ir a São Paulo "fazer um passeio". "Disse-me ele: 'Vamos a São Paulo, vou lhe mostrar a minha terra. Você vai ver como é a locomotiva que puxa todos esses vagões'. Ele era um paulista bem bairrista", diz. Na cidade, "como o destino tem estranhos caminhos, certa noite eu estava na avenida Ipiranga, esquina da São João, no famoso Bar do Jeca, vendo aquele movimento de gente, quando encontrei um locutor paulista que havia trabalhado comigo na rádio Tupi do Rio". Esse locutor sem nome o informou que a rádio Nacional estava precisando de locutores. Ele arrumou um emprego na rádio e, paralelamente, com a ajuda de um sócio, Ângelo Pessuti, cunhado de Hebe Camargo, trouxe as instalações que havia montado na barca Rio-Niterói e abriu um bar em frente à igreja de Santa Cecília. Nunca mais voltou a morar no Rio de Janeiro.

[3] Agradeço a Fernando Morgado pelo resgate dessas duas notas do *Diário de Notícias*.

Quinze anos depois, em entrevista a Luiz Fernando Emediato e Marcos Wilson, o relato desse encontro mudou e ficou assim: "Sempre tive sorte. Eu estava na porta da pensão na rua Aurora, em São Paulo, quando passou alguém e disse: 'Oi, Silvio'. Era o Ronaldo, locutor da rádio Excelsior. Me disse que tinha um programa de calouros na rádio Nacional".

Ainda mais importante e polêmico, o episódio da compra do Baú da Felicidade é relatado também exclusivamente pela ótica do seu biografado. Fazendo locução para o programa de Manoel de Nóbrega, Silvio conta que o radialista um dia, em 1957, "foi procurado por um cidadão de origem alemã, que lhe ofereceu o Baú da Felicidade". O nome desse cidadão jamais será citado. Nóbrega tornou-se sócio no negócio sem colocar dinheiro algum – apenas pagando por anúncios na própria rádio Nacional, onde ele trabalhava. "O Nóbrega nunca foi ao Baú, que era o Baú de Brinquedos. Nunca foi. No fim, o alemão tinha conseguido vender cerca de mil baús. Mas, antes de entregá-los aos compradores, ele disse que havia perdido todo o dinheiro."

Ainda segundo Silvio, com medo da repercussão negativa que teria a cobrança dos prejudicados, Nóbrega assumiu o prejuízo. Mas, para piorar, os baús para 1958 já estavam sendo vendidos. Foi, então, que o radialista pediu ajuda a Silvio Santos:

> Peço que vá lá no Baú e a todo mundo que vier reclamar você diga que não vá aos jornais, que não vá às revistas e que eu estou pronto para repor o dinheiro que cada um teve de prejuízo. E às pessoas que já compraram para o ano de 1958, que já deram entrada, você também devolva a entrada. Diga a todos que a firma vai acabar, que nós não temos mais condições de continuar com ela.

Silvio, então, descreve a sua primeira visita ao escritório, num porão, na rua Líbero Badaró.

A primeira coisa que fiz foi dizer ao alemão que fosse embora
[...]. O alemão pegou a máquina de escrever e foi saindo. Eu
perguntei: "Mas essa máquina de escrever também é sua?".
Ele falou: "Esta máquina também é minha". [...] Mas aí me
surgiu uma ideia, no quarto ou quinto dia em que eu estava
lá atendendo. Veio-me a ideia de que aquilo bem administrado, bem trabalhado, poderia se tornar uma boa firma.[4]

Silvio propôs sociedade a Nóbrega, que aceitou. Ele conta a
Arlindo Silva que organizou o negócio e promoveu diferentes
iniciativas por conta própria, sem a ajuda do sócio.

Quero deixar bem claro, também, que o Nóbrega nunca foi
ao Baú nestes três ou quatro anos em que lá estive. Nunca
foi. Ele deixou o negócio nas minhas mãos e foi vendo, de
longe, que a coisa estava progredindo. Mas quando eu fe-
chei esse negócio de 40 mil bonecas [com a Estrela] e, ao
mesmo tempo, fiz um contrato com a firma Nadir Figueiredo para fornecer uns 20 mil jogos de jantar, o Nóbrega
se apavorou.

Personagem fundamental na trajetória de Silvio, Manoel de
Nóbrega (1913-1976) não foi ouvido por Arlindo Silva na realização da série de reportagens, em 1972. O jornalista reproduz
apenas o que o seu entrevistado "disse que ele disse".

Quando falei ao Nóbrega das minhas intenções, ele, que já
não estava numa situação muito boa por causa do rombo
que levara do alemão, disse-me: "Olha, Silvio, eu nunca fui

---

[4] Em 17 de maio de 2000, uma reportagem na revista *Veja* ("Silvio ao vivo"), assinada por Ricardo Valladares, diz que o nome do "alemão" é Walter Scke-ter, mas não acrescenta nenhuma outra informação a respeito.

ao Baú, nem com o alemão nem com você. Acho que qualquer dinheiro que o Baú possa me dar é desonesto, porque eu nunca fiz nada pela firma, a não ser os anúncios. [...] Você, por favor, agora que está se metendo em negócios grandes, fique com o Baú e não precisa me dar nada. Eu tenho um pouco de medo, não sou comerciante por natureza". Respondi: "Nóbrega, tá bom, eu aceito. Fico com o negócio, mas, pelo menos, eu quero lhe dar o dinheiro que você perdeu". Então, combinei com o Nóbrega e dei para ele 5 mil cruzeiros (novos), que ele permitiu que eu pagasse como eu pudesse. E o Nóbrega me deu o Baú da Felicidade.

Dermeval Gonçalves acrescenta detalhes importantes a essa história com ares de lenda. Ele era funcionário do Ministério da Fazenda desde 1958, onde entrou por concurso. Em 1969, houve uma fiscalização na empresa do Baú da Felicidade. A Fazenda entendia que o comércio de carnês estava sendo realizado de forma ilegal e deu trinta dias para a situação ser regularizada. Silvio Santos foi ao ministério e conversou com Eleazar Patrício, diretor-geral, e Dermeval, chefe da sua assessoria. "Em trinta dias eu quebro", disse o empresário. "Quanto tempo você precisa para não quebrar?", perguntou Eleazar. "Eu preciso de cinco anos", respondeu. "Nós podemos te dar um ano, não mais que isso", disse o funcionário. E Dermeval completou:

> Não tem como liberar a reabertura do Baú da forma como está funcionando sua empresa. Você vende os carnês e só depois de um ano entrega os produtos. As pessoas retiram as mercadorias pelo mesmo valor pago, sem nenhuma correção. O dinheiro é corroído pela inflação e, no momento de retirar os prêmios, o dinheiro não vale mais nada. Isso é estelionato.[5]

[5] Ver *Dermeval Gonçalves: Nos bastidores da TV brasileira*, de Luci Miranda.

Segundo o relato de Dermeval, não houve acordo com ele nem com Eleazar Patrício, mas mesmo assim Silvio Santos conseguiu o que queria – prorrogou o prazo para regularizar a situação da empresa. Como? Ao ser procurado pelo empresário com um convite para trabalhar em suas empresas, Dermeval diz que teve o seguinte diálogo com o futuro patrão:

> Dermeval: Que método você usou para estender o prazo?
> Silvio: Eu ofereci 150 mil cruzeiros a um diretor da Fazenda e ele aceitou. Esse valor eu recupero em dois meses.

Segundo Dermeval, "o diretor que estendeu o prazo havia assumido a vaga de Eleazar, que estava se aposentando".

Luci Miranda informa que Silvio Santos leu e não questionou nada relatado no livro de memórias de Dermeval Gonçalves, incluindo esse caso de suposto suborno. E ainda enviou um depoimento, dirigido ao biografado, elogiando o trabalho.[6]

Tanto Dermeval quanto Eleazar Patrício foram contratados por Silvio Santos. "Os diretores do Baú da Felicidade são pessoas que trabalharam antes em repartições públicas", disse Silvio.[7]

---

[6] "Não foi surpresa pra mim, a sinceridade e as verdades que você relata neste livro. Pela amizade e consideração que temos um pelo outro, suas palavras com relação a mim, foram bastante generosas. Fiquei emocionado ao relembrar os acontecimentos que ocorreram. Sua dedicação, inteligência e personalidade contribuíram muito para o resultado das minhas realizações. Perde-lo para a Record, foi um presente de JESUS ao Bispo Macedo. Minhas previsões não contavam com você emprestando o seu talento ao novo concorrente que estava nascendo. Parabéns pelo desempenho em ambas empresas e que DEUS continue protegendo sua saúde e compensando suas qualidades pessoais e profissionais. Seu amigo, admirador sempre. Silvio Santos, 6-Agosto-2010." Bilhete manuscrito, reproduzido sem correção, tal como publicado em *Dermeval Gonçalves: Nos bastidores da TV brasileira*, de Luci Miranda.    [7] Ver *A fantástica história de Silvio Santos*.

Eu ia às repartições tratar de algum assunto e quando conversava com o funcionário percebia se ele era bom e ativo, se gostava de trabalhar e se era honesto. Então eu dizia: "Olhe, se por acaso um dia sair daí, pode me procurar, porque eu estou bajulando você, não estou querendo ser agradável, mas eu posso lhe dar um emprego". E por diversas vezes isso aconteceu.

Eleazar Patrício se tornou presidente do conselho administrativo do grupo e Dermeval, diretor.

## O camelô talentoso

A opção por ganhar a vida como camelô, apresentada tanto na HQ quanto na série de *O Cruzeiro* de forma edulcorada, como uma decisão tomada de forma impetuosa pelo jovem Silvio, ganhou alguma substância em 2000, com a publicação do segundo livro de Arlindo Silva. O jornalista conta que a decisão de vender bugigangas na rua ocorreu em resposta a um drama familiar. O pai de Silvio, Alberto, ao chegar ao Rio de Janeiro, abriu uma loja na praça Mauá, na qual vendia artigos para turistas. Porém, "o infortúnio bateu à porta da família", dramatiza Arlindo: "Era um drama porque o que ele ganhava na loja de dia, gastava de noite no cassino", conta Silvio.

Então com catorze anos (nesse segundo livro, a idade está correta), Silvio já faturava algum dinheiro apostando em jogadores de sinuca na Lapa. Desta feita, Arlindo pinta o seu biografado como um malandro da gema: "Eu conhecia o taco de cada um e quase sempre ganhava dos apostadores estranhos. Era proibida a entrada de menores nos salões de sinuca, mas eu ficava escondido atrás de uma geladeira grande, que separava o salão de jogo do bar, e assim ninguém me via fazendo apostas", revela Silvio. O pai sabia dessa contravenção do filho, mas fazia de conta que não. "Minha mãe, sim, era brava. Eu apanhava dela. Ela dizia: 'Vai ter de trabalhar, senão não vai ter o que comer, e ainda vai apanhar mais'. Foi então que resolvi ser camelô."

Por outro lado, o próprio Silvio acrescenta tons de fantasia ao relato do seu cotidiano como camelô:

> Por diversas vezes os jornais publicaram reportagens sobre o garoto que conseguia prender diante de si um público enorme. Em minhas mágicas, eu fazia moedas sumirem entre os meus dedos, tirava dedal da orelha, tirava botões do nariz das pessoas. Trabalhava das onze ao meio-dia, horário em que o guarda ia almoçar. Eu tinha realmente poder de comunicação.

Fernando Morgado, que fez uma vasta pesquisa em arquivos de jornais sobre Silvio, me disse que não encontrou nenhuma notícia sobre o jovem camelô. O pesquisador afirma ter ouvido relatos de duas pessoas que se lembravam de ver Silvio em ação, mas não os incluiu em seu livro *Silvio Santos, a trajetória do mito*.

## "Correções" no museu

Em 2016, uma grande exposição dedicada a Silvio Santos no Museu da Imagem e do Som, em São Paulo, confrontou alguns detalhes da infância narrados por Arlindo Silva. Nos contatos com a equipe do museu, o dono do SBT deixou claro que a obra não deveria ser levada totalmente ao pé da letra. A exposição corrigiu, por exemplo, o título do filme que ele afirma ter visto repetidas vezes na juventude. O livro fala no seriado western

*O vale dos desaparecidos* (1942), mas Silvio esclareceu para a turma do museu que era o drama *Always in My Heart* (1942). Por conta dessa informação, a curadora de "Silvio Santos Vem Aí!", Gabrielle Araujo, perdeu algumas semanas até encontrar uma cópia em DVD do filme – trechos foram exibidos na exposição.

Também ficou de fora da mostra, por não ser verdade, segundo ele disse a Gabrielle, um episódio dramático que no livro de Arlindo é narrado pelo próprio Silvio.

> Foi em relação ao cine OK que aconteceu um fato que me impressionou muito, e que talvez tenha sido a primeira manifestação da sorte, que, graças a Deus, sempre tive. O fato foi o seguinte: em uma daquelas quintas-feiras do seriado eu fiquei resfriado, febril, e minha mãe não nos deixou ir ao cinema. Fiquei arrasado, chorei, pedi, supliquei, mas minha mãe foi intransigente. Com febre, não me deixaria sair de maneira alguma. Pois naquele dia o cine OK pegou fogo. Não chegou a ser uma catástrofe, mas muitas crianças e jovens ficaram feridos com a correria que se estabeleceu. Quando eu soube que havia escapado – quem sabe? – de morrer ou de ficar ferido, corri para os braços de minha mãe e cobri-a de beijos. A ela, talvez, eu deva o fato de ainda estar vivo, porque ninguém poderá dizer que eu ou meu irmão não teríamos morrido na matinê daquela tarde.

À equipe do MIS, Silvio disse que isso nunca ocorreu.

## Vida privada

Embora as duas primeiras biografias de Silvio Santos incluam a palavra "vida" em seus títulos, nenhuma delas envereda pela trajetória pessoal do apresentador. Nem a HQ de 1969 nem a série de reportagens de 1972 falam, por exemplo, do estado civil de Silvio, da sua religião, da relação com os irmãos ou mesmo da história de seus pais. Ambas reproduzem também uma mentira que Silvio propagou por décadas, a de que nasceu em 1935.

A omissão, nos dois livros, seguramente ocorreu a pedido do biografado. Uma dica eloquente nesse sentido é dada por Lucchetti na introdução que escreveu, em 2016, para a segunda edição de *Silvio Santos: Vida, luta e glória*. Ao relatar o seu primeiro encontro com o biografado, em 1969, o autor conta: "Fomos recebidos pela esposa do apresentador, dona Aparecida, que se mostrou muito simpática e nos fez companhia até que Silvio Santos apareceu". Já Arlindo Silva, na introdução de *A fantástica história de Silvio Santos*, ao se recordar das gravações que fez com Silvio para a série de reportagens publicada em *O Cruzeiro*, igualmente deixa claro que conhecia detalhes da vida privada do seu entrevistado, mas optou por não os revelar aos leitores.

> Conhecer Cidinha, a esposa de Silvio, era de fato um privilégio dado a poucas pessoas. Um dia perguntei a ele por que escondia o fato de ser casado. Ele explicou: "Todo ídolo tem de ter uma mística em volta dele. Tem de dar margem a comentários, dúvidas, discussões".

E citou como exemplo, acredite se quiser, um homem que tinha controle total sobre a sua vida por meio da força do Estado: "Veja o caso de Fidel Castro. Ninguém sabe como é a vida particular dele, se é solteiro, casado, desquitado ou se vive com alguma mulher. Tem de haver algum mistério para manter a curiosidade popular".

Em 1969, Décio Piccinini questionou Silvio dentro de um Fusca, onde o entrevistou para a revista *A Crítica*: "Bom, a pergunta clássica, feita por tudo quanto é revista de televisão. Sr. Silvio Santos, o senhor acredita que o casamento derruba o prestígio e a popularidade do artista?". A resposta é longa e exemplar do raciocínio que o animador sustentou por décadas:

> Derruba. Quando eu fazia programas nos bairros, o Wilson Miranda era um cantor que tinha uma popularidade tremenda. As meninas deliravam, tinha tudo que os grandes ídolos de hoje têm. Ele casou, a popularidade decresceu vertiginosamente. O Ronnie Cord era sucesso. Entrava e agradava. Casou, sumiu. E eu observando tudo isso. O Ronnie Von subiu, aí o público soube que ele era casado, desapareceu. Aí eu pensei que com o Roberto seria diferente, porque o Roberto era o Roberto, e estava muito acima disso tudo. Pronto. O Roberto casou, ninguém pode negar uma queda de prestígio dele. Quer dizer que as moças que vão ao auditório e fazem desses cantores verdadeiros ídolos, não admitem que eles se casem. Não que elas acalentem qualquer esperança de matrimônio para com os cantores. Mas simplesmente acham detestável aplaudir, gritar, chorar, pular, festejar alguém que pertence a uma outra, seja essa outra quem quer que seja. Isso toca no amor-próprio da mulher. Então, as moças do auditório acham ridículo e até humilhante bater palmas para um homem que vai chegar em casa e vai beijar e abraçar outra.

Em 1971, mesmo questionado explicitamente pela revista *Veja* sobre o casamento com Maria Aparecida Vieira, ele negou. "Eu sei que outros artistas famosos não fazem segredo de suas vidas, mas acho que, se posso manter o interesse do público em torno da minha pessoa, devo manter", diz ele à jornalista

Eda Maria Romio. "Por isso, não digo minha idade, nem se sou casado, nem se uso peruca, se comprei ou deixei de comprar a mansão do Horácio Lafer. São os meus mistérios e isso dá resultado. Você, por exemplo, está perguntando tudo isso." A repórter observa: "Mas tenho que perguntar". Ao que Silvio diz: "Mas é curiosidade sua. Posso responder que tenho 35 anos e não estar dizendo a verdade e você pode escrever que acha que eu tenho mais ou menos de 35 anos. Você pode escrever que sou casado porque muitos dos meus amigos o disseram, mas nunca vou lhe responder que sim".

Em 7 de abril de 1971, data de capa da edição da *Veja* que traz essa entrevista, Silvio tinha quarenta anos. Estava casado com Cidinha, como ela era conhecida, desde 1962. Era pai de Cintia, nascida em 1963. Ainda naquele mês de abril, adotou Silvia, a sua segunda filha.

O mistério leva a erros ou informações erradas em diversas publicações. Uma reportagem de capa da *Veja*, com data de 28 de maio de 1975, relata que um dos diretores do Grupo Silvio Santos é Mario Albino Vieira – "casado com uma de suas três irmãs", diz a revista. Errado. Albino era irmão de Cidinha. Silvio também fala sobre ele a Arlindo Silva, em *A vida espetacular de Silvio Santos*, sem mencionar o laço familiar que os une: "Conheci um rapaz chamado Mario Albino Vieira, um garoto de uns catorze anos de idade. Vi que ele era muito esperto, muito bom estudante. Começou a trabalhar no Baú como auxiliar de escritório. Hoje [1972] ele é o diretor do conselho do Baú da Felicidade".

Até meados da década de 1980, todas as referências à idade de Silvio Santos em reportagens de jornal e revistas estão erradas. Os jornalistas mais cuidadosos alertam o leitor para o fato de que não se deve confiar no que diz o apresentador. Por exemplo: "Silvio Santos, que afirma ter 49 anos...", escreve Mario Sergio Conti ao apresentar uma entrevista, na *Veja*, em setembro de 1985. Silvio tinha 54 anos na ocasião.

"Uma das coisas imperdoáveis que fiz"

Maria Aparecida Abravanel morreu em 22 de abril de 1977, em São Paulo, em consequência de um câncer. No dia 30, na *Folha*, a colunista Helena Silveira escreveu a respeito. O texto se intitula "O segredo de Silvio Santos". E começa assim:

> Silvio Santos sempre brincou no auditório, com suas companheiras de trabalho, quando se refere à sua misteriosa noiva, Cidinha. Os que conheciam a vida do animador sorriam. Sabiam que Cidinha era a sua mulher, de papel passado, afilhada de Manoel de Nóbrega. Sabiam que Silvio tinha um lar, que nascera nos tempos em que a fortuna não lhe sorrira. Respeitavam o sigilo. E a morte desta mulher que ninguém conheceu foi tão envolta de mistério quanto sua vida. [...] Agora, a misteriosa noiva Cidinha não necessita mais esconder-se. O sorriso do animador, por muito tempo, deverá ser forçado.

Ainda assim, Silvio sustentou o mistério sobre a sua vida pessoal, incluindo o casamento e a morte de Cidinha, por mais dez anos. Só falaria a respeito, abertamente, em fevereiro de 1988.

No início daquele ano, Silvio Santos viajou para os Estados Unidos e deixou de apresentar o seu programa dominical por quatro semanas. Durante o período, especulou-se que estaria gravemente doente. Em 21 de fevereiro ele retornou e fez algo inédito: por mais de uma hora, respondeu a perguntas dos seus jurados, de alguns convidados e do público. Foi uma longa entrevista, que começou com a seguinte pergunta de Hebe Camargo (1929-2012): "Você não fez onda desta doença para agitar a imprensa e sensibilizar essa imensidão que te ama, te adora e estava realmente morrendo de medo que isso fosse verdade?".

Antes de responder propriamente, Silvio fez um mea-culpa inesperado e impressionante sobre algumas das mentiras e omissões biográficas que sustentou por anos.

> Eu não poderia fazer uma onda porque eu já fui do tempo daqueles que faziam onda. Quando eu me lembro da minha mulher que morreu e quando eu me lembro que eu dizia que era solteiro... Quando eu me lembro que eu escondia as minhas filhas para poder ser o galã, para poder ser o herói... Quando eu falo com a minha consciência, eu acho que é uma das coisas imperdoáveis que eu fiz, diante da minha imaturidade. Cida morreu, Silvinha e Cintia foram discutidas... São minhas filhas? Não são minhas filhas? Era casado? Não era casado? E hoje eu vejo as besteiras que eu fiz. E quando eu vejo alguém fazendo o mesmo que eu fazia, eu olho e digo: Meu Deus do céu, como esse homem é infeliz.

Silvio contou que passou quinze dias sozinho, em Boston, "sem a minha mulher falando, sem as minhas filhas perturbando". Refletiu muito. "Muita coisa aconteceu nestes quinze dias sozinho. Aliás, mulheres, não deixem seus maridos sozinhos. Eles ficam loucos. E eu acho que voltei meio louco. Mas não fiz nenhuma demagogia. O que eu tô passando é real, mas também é besteira", disse, respondendo a Hebe.

E deu detalhes sobre a sua hipocondria.

> Eu não tenho medo da morte. Eu não tenho medo de ameaças. Eu não sou herói. Eu acho que mais vale um

covarde vivo do que um herói morto. Mas eu tenho medo de uma verruga. Nasce na ponta do meu dedo e eu falo: "Não é nada". Eu vou no médico, ele olha duas vezes e eu digo: "Ih, meu Deus, é câncer". Eu fui uma vez num médico da coluna, entrei no consultório dele, um dos melhores de São Paulo, ele mostrou a coluna de um homem, me deu uma explicação sobre a coluna, e falou: "Vai ter que fazer uma tomografia". Eu falei: "Até logo". Depois que eu vim a saber que tomografia não tem nada a ver com tumorgrafia [sic]. É a radiografia feita em pedaços. Mas eu saí correndo do consultório dele. Ele me havia pedido uns convites para o Miss Brasil, nem os convites eu mandei pra ele. Respondi?

E Hebe disse: "Silvio Santos, você não vai morrer nunca. Nós não vamos deixar. Porque Deus gosta de Silvio Santos".

Silvio e Maria Aparecida, a Cidinha, se casaram em 15 de março de 1962. Eles haviam se conhecido alguns anos antes na rádio Nacional, onde ele trabalhava como locutor e ela frequentava como fã de artistas da época. Por exigência de Silvio, tanto o namoro quanto o casamento ocorreram de forma discreta, longe dos olhos do público. Segundo as jornalistas Márcia Batista e Anna Medeiros, Cidinha não gostava da situação. "Chegou até a dizer a uma amiga que tinha vontade de pregar a certidão de casamento na porta da casa onde morava com Silvio para que parassem de importuná-la com essa pergunta."[8] Recém-casados, Silvio e Cidinha chegaram a morar por um período na pensão da mãe da noiva, na região da Bela Vista, em São Paulo.

A primeira filha do casal, Cintia, nasceu em 1963. A segunda, Silvia, foi adotada em 1971. Cintia já tinha mais de sete anos e

[8] Ver *Silvio Santos, a biografia*. As autoras não creditam a fonte dessa informação.

chegou a dar alguns depoimentos, emocionantes, sobre a chegada da irmã à sua casa. A menina foi entregue para adoção a Manoel de Nóbrega, mas ele disse que não tinha mais idade para encarar a tarefa. Silvio e Cidinha, então, decidiram adotá-la. Silvia, porém, conviveu muito pouco com ela. Em 1973, Cidinha descobriu um câncer no aparelho digestivo. Ela fez diversos tratamentos, inclusive nos Estados Unidos, e morreu quatro anos depois, no Hospital Albert Einstein, em São Paulo.

"Pra mostrar ao meu líder lá em cima que estou com ele"

Diferentemente do seu estado civil, que sempre despertou interesse da imprensa e do público, a religião de Silvio Santos raramente foi assunto. O que é positivo, diga-se. Pensando na falta de limites à exposição da vida privada de figuras públicas, esse é um dos poucos itens que, no Brasil, costumam ser respeitados. Em todo caso, o assunto apareceu algumas vezes em entrevistas dadas por Silvio. E, como de hábito, as suas respostas nem sempre são esclarecedoras.

A primeira menção que encontrei está na entrevista que Regina Penteado fez com Silvio, publicada em 1975, na *Folha*. A jornalista tentou levantar o assunto: "Você por acaso segue a religião israelita (como todos sabem, Silvio é judeu; Senor Abravanel é o seu verdadeiro nome) ou outra qualquer religião?". O apresentador, aparentemente, não gostou da abordagem e respondeu: "Acredito em Deus. Só".

Em outubro de 1987, na longa entrevista a Emediato e Wilson, no *Estadão*, Silvio tenta explicar a origem do seu sobrenome:

> O meu nome é Senor pelo seguinte... Em mil quinhentos e quarenta e pouco havia na corte dos reis católicos de Espanha, Isabel e Fernando, um certo Dom Isaac Abravanel,

que tinha sido ministro das Finanças de Portugal. Salvou Portugal da bancarrota e aí os reis de Espanha o chamaram. Mas teve de sair de lá com a Inquisição. Os reis chamaram-no e disseram que garantiriam a vida dele, mas não do povo judeu que vivia na Espanha. Dom Isaac preferiu sair com o povo, e foram para Salônica. Virou teólogo, escritor, mas depois foi para Veneza e lá voltou a ser financista. Mais tarde, foi de novo para Salônica. Meu pai, que descende de Dom Isaac, chamava-se Alberto e eu deveria me chamar Dom Abravanel. Mas disseram a ele que no Brasil não havia dom, mas senhor. Aí fiquei Senor.

Ainda que repleto de erros factuais, como mostrarei logo adiante, o relato está correto na essência e deixa transparecer orgulho do empresário em relação às suas origens.

No famoso programa de TV exibido em 21 de fevereiro de 1988, no qual respondeu a perguntas dos espectadores e de seus jurados, Silvio voltou a falar sobre a origem de seu sobrenome. Foi em resposta a uma questão, feita por telefone, por "Márcia, de Uberaba". "Gostaria de perguntar qual é o seu nome completo." Silvio respondeu:

> Meu nome completo é Senor Abravanel. E é "Senor" porque eu sou o Dom. O homem que me deu origem consertou as finanças de Portugal, depois foi chamado pelos reis católicos, Isabel e Fernandes [sic], pra Espanha. Era o Dom Isaac Abravanel. Consertou as finanças da Espanha e depois, quando chegou a Inquisição, os reis católicos Fernando e Isabel disseram: "Você fica e o teu povo, o povo judeu, vai". Ele falou: "Não! Não! O povo judeu vai e eu vou junto".

Nesse ponto da narrativa, Silvio demonstrou estar emocionado e prosseguiu:

Foi para a Salônica, na Grécia. De lá, então, meu pai, meu avô, tiveram o título de Senor, Dom Abravanel. E aqui no Brasil não existe Dom, o título que meus antepassados ganharam, no ano de mil quatrocentos e noventa e quantos. Dom Isaac Abravanel foi um dos que deram dinheiro para que Colombo viesse descobrir a América. Então, disseram pro meu pai: "Que dom? Dom é frescura, não tem cura. Não!". Então ele colocou Senor, que quer dizer Dom Abravanel. Só isso.

Um dia depois, em 22 de fevereiro, no *Jornal do Brasil*, ao falar da "crise existencial" pela qual Silvio Santos estava passando, a jornalista Cida Taiar registra que o apresentador "acredita em Deus, mas não vai à sinagoga". E reproduz a seguinte declaração: "Só faço jejum no dia de Yom Kipur pra mostrar ao meu líder lá em cima que estou com ele e acho o Pai-Nosso a mais bela oração que alguém já disse".

Em março de 1990, o jornalista Alberto Dines publicou o livro *O Baú de Abravanel*, cujo subtítulo esclarece: "Uma crônica de sete séculos até Silvio Santos". Com pesquisas feitas em Lisboa, Amsterdam, Tel Aviv e São Paulo, a obra busca reconstituir os passos da família Abravanel. O primeiro registro encontrado é o de Iehuda (ou Judá) Abravanel, que foi tesoureiro de Sancho IV (1284-1295) e Fernando IV (1295-1312), reis de Leão e Castela.

O mais famoso, cuja história Dines descreve em detalhes, é Isaac Abravanel (1437-1508). Nascido em Lisboa e morto em Veneza, ele foi ao mesmo tempo financista, político e filósofo. Trabalhou para D. Afonso IV, rei de Portugal entre 1458 e 1481, mas foi acusado por seu sucessor, D. João II, de participar de uma conspiração e fugiu para Toledo. Dines observa que as provas contra Abravanel eram contundentes, mas conclui que ele foi levado a participar do conluio por lealdade aos amigos. De Toledo, Isaac Abravanel foi chamado pelos reis de Aragão e Castela. Vai trabalhar para eles entre 1484 e 1492, quando D. Fernando e

Isabel assinaram o édito que determinava a expulsão dos judeus do reino. Dines registra os esforços de Abravanel para convencer os reis a cancelar o decreto e confirma que o tesoureiro real recebeu a oferta para ficar, desde que se convertesse (uma proposta aceita por muitos), mas preferiu ir embora. A saga de Isaac prossegue em Nápoles, onde ele se estabeleceu e colaborou brevemente com o rei Ferrante I. Após a morte deste, em 1494, Abravanel seguiu para Corfu, na Grécia, e de lá para Monopoli, um enclave veneziano no reino de Nápoles. É lá que ele vai escrever a sua obra filosófica, de caráter messiânico, que teria inspirado o padre Antônio Vieira (1608-1697). Passou em Veneza os seus últimos anos, mas como judeus não podiam ser enterrados na cidade, o seu corpo foi levado para Pádua. Foi, nas palavras de Dines, "a figura mais importante do mundo judaico" em sua época.

Descendentes de Isaac Abravanel se espalharam, inicialmente, por Portugal e pela Holanda. Um ramo da família se estabeleceu na Inglaterra, e há registros de que um parente esteve no Brasil no fim do século XVI. Hoje, estão também em Israel e nos Estados Unidos. Segundo um descendente ouvido por Dines, a imigração dos Abravanel para Salônica, na Grécia, ocorre a partir do início do século XVII. Muitos são descendentes do ramo português da família. É lá que nascerá Alberto, pai de Silvio, que emigrará para o Brasil nos anos 1920.

Em julho de 2018, Silvio fez um raro comentário sobre o Holocausto e a sua origem judaica. A menção foi feita durante o game show *Bolsa Família*. No quadro, quatro integrantes de uma família respondem a perguntas e a cada acerto ganham o direito de escolher uma entre quarenta bolsas posicionadas no palco. Algumas dão prêmios, enquanto outras penalizam os participantes. A oportunidade surgiu quando uma família teve que responder à seguinte questão: "Quem mandou matar mais de 6 milhões de judeus durante a Segunda Guerra Mundial?". As opções de resposta eram: Churchill, Roosevelt, Hitler e Stálin.

Na sequência, o apresentador .disse:

> Então, vamos ver quem mandou matar. Foi um tal de Churchill? Churchill era primeiro-ministro da Inglaterra. Ele pertencia aos aliados. Ele se reunia com Roosevelt e Stálin e como os três fofocavam... Vocês não têm ideia de como os três fofocavam. Tinha um que ninguém queria reunião com ele. Esse era o secretário do diabo. Era o Hitler. Vocês lembram do Hitler?
>
> E, para sua surpresa, nenhum dos quatro sabia. "Nunca ouviu falar? Nunca ouviu falar? Nunca ouviu falar? Não? Eu tenho um cachorro lá em casa que eu chamo de Hitler. Ha, ha, ha! Coitado do cachorro... O cachorro não gosta."
> Encerrada a lição, o apresentador pediu uma resposta e, claro, um dos quatro participantes disse o nome que o próprio Silvio já havia cantado. "É o Hitler? Tem certeza? Deixa eu ver qual é a resposta. Você acertou!"

### Religião em família

Em diferentes ocasiões, Silvio reiterou que a sua relação com a religião limita-se ao respeito do Yom Kipur, o dia mais sagrado para os judeus. Em uma edição do Teleton em 2009, o apresentador inclusive explicou à sua maneira o significado desse dia, no qual os judeus jejuam por 24 horas. Foi um pretexto para estimular doações à campanha beneficente patrocinada pelo SBT. Alguns trechos da sua fala:

> Não sei qual é a sua religião. Não faz mal. Qualquer que seja a sua religião, existe só um Deus. Amanhã, por esta hora, estarei fazendo o meu jejum. Vocês sabem que eu

sou judeu e eu faço questão de ter a minha aliança com Deus. Por que nós judeus fazemos este jejum? Quando termina o nosso ano, Deus nos dá a incumbência de fazermos uma reflexão. De nós verificarmos o que fizemos no ano que terminou. E no Dia do Perdão Deus pode perdoar os nossos pecados. Deus pode colocar o nosso nome do Livro da Vida. E se ele colocar nosso nome no Livro da Vida isso significa que nós vamos viver mais um ano.

O mais significativo ainda veio em seguida:

Mas o que nós devemos fazer para que Deus nos coloque no Livro da Vida? Nós devemos dar, com raiva, mas dar. Se você, às vezes, tá no seu automóvel, alguém bate [na janela], você leva um susto, e alguém quer um auxílio, dê com raiva, mas dê. Porque aí você vai ter mais alguns dias de vida, ou alguns meses de vida. Se você der sorrindo, se alguém chega perto de você e pede, você se comove e você dá com seu coração, você vai ter mais dias de vida, você vai ficar no Livro da Vida por mais dias. Então, você dê. Dê porque eu tenho certeza que o nosso Deus vai nos dar mais dias de vida, dias de felicidade, dias de alegria, dias de saúde. E todos nós seremos abençoados. Não só os judeus, mas todos nós que colaboramos, que respeitamos o sofrimento dos nossos semelhantes, eu tenho certeza de que vamos receber não só o perdão de Deus, mas dias alegres e felizes.

Questionado por Ricardo Valladares, em maio de 2000, na *Veja*, se era "religioso", Silvio respondeu à maneira dos melhores humoristas judeus, fazendo piada e citando o medicamento contra ansiedade e distúrbios do sono que usava:

> Eu sou judeu. Aprendi hebraico, sei rezar a oração dos mortos, respeito as datas religiosas. Leio a Bíblia e sigo os preceitos. Faço jejum completo. Quando é época, não tomo nem água – na hora do Rohypnol, chego a juntar cuspe na boca para poder engolir.

No ano seguinte, depois do sequestro de sua filha Patrícia, tornou-se público que havia algum conflito de ordem religiosa no clã Abravanel. Falando a jornalistas sobre o drama que viveu, Patrícia disse: "Meu pai sofreu porque não tem Deus". Ao lado dela, Silvio riu e disse: "Ela é uma pastora".

A mulher de Silvio, Iris, é evangélica, assim como as quatro filhas que tiveram juntos. Em dezembro de 2012, em uma entrevista para Rodrigo Cardoso, repórter da *IstoÉ*, ela falou da sua conversão, ocorrida em 1998.

> Decepcionada com todas as outras religiões que havia experimentado, pedi para Deus que, se ele existisse, desse uma prova de sua existência. Estava em casa e pedi um café. O [copeiro] José me trouxe e logo foi dizendo: "Olha, dona Iris, ainda bem que a senhora me chamou. Eu estava lá no seu jardim e o meu Deus mandou eu te dizer que a senhora é muito amada por Jesus". Comecei a chorar. Aí, ele me disse que todos os funcionários se reuniam para orar por mim e pela minha família. No dia seguinte, fui atrás de uma Bíblia para saber quem é Jesus. O José quis me dar a dele. E eu não quis. Aí, ele me disse: "Dona Iris, a senhora tem tudo. Esse é o melhor presente que eu posso lhe dar e a senhora não quer aceitar?!". Foi a primeira lição que tive. Como somos soberbos.

O repórter quis então saber: "Frequenta alguma denominação evangélica específica? A senhora tentou se converter ao judaísmo?". E Iris respondeu:

Não sigo uma Igreja específica. Nunca imaginava que um dia eu seria crente na vida. Mas, desde a conversão, eu me enfiava em qualquer garagem onde se falava de Jesus. Queria aprender. Mas não tentei me converter ao judaísmo. Eu nunca seria judia. As meninas [filhas] aprenderam hebraico e fizeram Bat Mitzvah, acho bacana. O Silvio é judeu, vai à sinagoga, mas ele está quase vendo que o Messias... quando a gente ora, o Silvio se sente muito bem. Às vezes, ele pede para a Patrícia orar.

Em 23 de junho de 2013, respondendo a Joelmir Tavares, da *Folha*, que o abordou na porta do salão Jassa, onde corta e pinta o cabelo, Silvio fez uma revelação interessante.

Joelmir: Por que o senhor não vende horários para Igrejas no SBT?
Silvio: Eu não vendo horário religioso. É contra o meu princípio. Judeu não deve alugar a televisão para os outros. Você não sabe que os judeus perderam tudo quando deixaram outras religiões entrarem em Israel? A história é essa. No dia em que os judeus começaram a deixar que outros deuses fossem homenageados em Israel, os babilônios foram lá e tiraram o templo e jogaram os judeus para fora. O judeu não pode deixar que na casa dele tenha outra religião. É por isso que não deixo nenhuma religião entrar no SBT.
Joelmir: A sua mulher, Iris, e suas filhas são evangélicas.
Silvio: Mas onde eu mando eu não deixo nenhuma religião entrar. Nós não temos nenhum programa judaico, né? Nem católico nem evangélico nem budista. Nada disso.
Joelmir: Mas então o SBT...
Silvio: É uma casa judaica.

Em 13 de março de 2016, em meio ao seu programa, Silvio voltou ao assunto: "Eu sou o único judeu na minha casa. Lá são todos evangélicos. Eles querem me convencer, mas eu não posso. Eu tenho um pacto com Deus, não posso. Eu dou tanta sorte que Deus me abraçou, me beijou e me pegou no colo".

### Recém-chegado de Marte

Uma das características inimitáveis de Silvio Santos é a capacidade de comunicação com pessoas simples e humildes. Ele consegue, como ninguém, transmitir a impressão de que conversa de igual para igual com as suas "colegas de auditório" e os espectadores em casa. Quando ainda era um mero locador de horário na grade da Globo, em 1969, deu ao jornalista Luiz Lobo uma explicação cristalina sobre o seu método para atingir o público:

> No meu programa há uma parte com perguntas e respostas. Se em dez perguntas o telespectador não consegue responder a pelo menos seis, ele vira o botão, vai ver outra coisa, diz que o programa está ruim. Mas se ele responde às dez, fica bem com a mulher, com os filhos, com ele mesmo, e fica satisfeito comigo, com o programa, dá audiência, entende?

Essa é a mesma lógica que está por trás do seu comportamento diante de pessoas famosas, convidadas do seu programa ou do Troféu Imprensa. Como se fosse um extraterrestre, recém-desembarcado no planeta, sem conhecimento de nada, Silvio sempre faz perguntas desconcertantes ("Você trabalha na TV?", "Você é cantora?"), que podem soar até indelicadas, mas que buscam apenas aproximá-lo do público.

O mesmo vale para os inúmeros acidentes que já protagonizou em seu programa. Uma coisa é o tombo ao vivo, inesperado. Outra coisa bem diferente é o tombo que ocorre durante a gravação de um programa e, de caso pensado, vai ao ar dias ou semanas depois. Por que mostrar algo que poderia ser removido sem dificuldades da edição? Porque a queda humaniza, mostra que o apresentador é gente como a gente: cai, se machuca, paga mico e sofre como todo mundo. A queda, igualmente, ajuda a chamar a atenção, a dar audiência. Muitos dos seus tombos ocorreram durante gravações de programas. Até o momento em que perdeu as calças no palco, em maio de 2012, em uma gravação, mereceu ir ao ar dias depois.

Essa cena curiosa aconteceu durante a gravação do quadro "Não Erre a Letra". Animado, como sempre, Silvio anuncia: "Quero ver quem vai ganhar os 2 mil reais! Quero ver!". A câmera está focada nos candidatos, quando o público começa a rir e gritar. Silvio também ri e diz: "Caiu as calças do animador. Hi, hi, hi, caiu! Segura! Quem mandou não segurar?". Divertindo-se com a situação, Silvio pergunta ao diretor: "E agora, o que eu faço?". Diante da sugestão de fazer uma pausa, ele protesta: "Que vou pro camarim, nada! É só apertar o cinto". E, como se nada tivesse acontecido, se recompõe e volta a gravar o quadro.

A sinceridade implacável é outro efeito que reforça a sua aproximação com o espectador. Certa vez, entrevistando a atriz mirim Larissa Manoela sobre a novela *Cúmplices de um Resgate*, ouviu dela a pergunta: "Você está assistindo, Silvio?". E ele respondeu: "Eu? Não. Assistir novela? Eu assisto filme. Tô assistindo um filme no Netflix chamado... aquele navio que afundou...". Deixando para Larissa dizer o nome do filme: *Titanic*. Em outubro de 2017, do nada, Silvio disse para o público: "Vocês, que estão em casa, não troquem de canal. Porcaria por porcaria, fiquem aqui no SBT".

### "Fingir demência"

Quando o seu banco, o Panamericano, quebrou, deixando um rombo de cerca de 4,3 bilhões de reais, o empresário tentou adotar a mesma técnica que usa no auditório. Em público, questionado por jornalistas, "fingiu demência", como dizem os mais jovens. Para Mônica Bergamo, na *Folha*, em novembro de 2010, disse que não sabia quem era Rafael Palladino, o principal executivo do banco e primo de Iris, sua mulher:

> Palladino? Que Palladino? Nunca fui ao banco. Nem sei onde é o prédio. Quando tenho dinheiro, abro uma empresa no Brasil. Aplico no mercado brasileiro. Mas não sou obrigado a ficar sabendo onde é a empresa. Eu tinha uma fazenda que era a segunda maior do Brasil, a Tamakavi, e nunca fui lá. Nem vi no mapa.

E prosseguiu:

> A única coisa com que me preocupo é com a televisão. Eu sou investidor. Se (o negócio) der certo, deu. Se não der certo, não deu. A TV é o meu negócio. Mesmo que não desse certo, é o meu hobby. Agora, os outros são negócios. Eu não sou obrigado a entender de perfumaria, de banco. Eu não! Isso aí eu boto dinheiro, pago bem os profissionais e eles têm que me dar resultados. E, às vezes, falham. Desta vez, falhou.

Em dezembro de 2013, numa aparição na festa de fim de ano dos funcionários do SBT, Silvio Santos repetiu esse discurso, se eximindo de qualquer responsabilidade pela fraude no banco. "Eu sou o dono do SBT de direito. Mas de fato não me sinto dono. Me sinto colega de vocês. Eu chego aqui, faço os meus programas, eu vou embora... Eu não tenho conhecimento do que se passa nos bastidores, eu não tenho conhecimento do que se passa no escritório".

Em tom bem populista, o "marciano" buscou a cumplicidade dos funcionários:

Todo mundo tomou conhecimento do que aconteceu no banco Panamericano. Mas no banco Panamericano eu fui uma única vez. No Jequiti, que é aqui pertinho, eu fui uma vez. Porque eu considero essas empresas investimento meu para que meu dinheiro possa trazer mais emprego, mais progresso. Aqui no SBT, não. Aqui no SBT sou um colega de vocês.

A fraude no banco, revelada no fm de 2010, teve origem em uma prática, comum no mercado financeiro, de venda de carteiras de empréstimos entre bancos. As normas determinam que esses financiamentos sejam retirados da lista de ativos e colocados em uma conta de compensação à parte, sendo abatidos à medida que são pagos. O golpe se dava no momento em que um programa de computador devolvia os empréstimos vendidos à conta original, o que inflava ativos e receitas e reduzia despesas.[9] Na época da fraude, o banco lidava com 90 milhões de prestações de financiamentos de 2 milhões de clientes, a maior parte delas de operações inferiores a 5 mil reais.

Pego de surpresa, Silvio Santos revelou-se mais uma vez um hábil negociador. Mario Cesar Carvalho e Leonardo Souza, na *Folha*, revelam que, num primeiro momento, reunido com banqueiros do Itaú, Bradesco e Santander, Silvio reagiu à pressão de forma dura: "Liquida, liquida. Eu não vou colocar meu patrimônio, deixa liquidar". Diante dos novos números sobre o tamanho do rombo, acabou aceitando vender o banco, mas saiu com o resto do patrimônio intacto.[10] Em um outro relato sobre esse encontro, Bruna Narcizo e Paula Bonelli, na revista *Poder*, dizem que as palavras do empresário, ao ser cobrado pelo rombo, foram outras: "Eu não

---

[9] "Panamericano, a novela de uma fraude contábil". *O Globo*, 14 de março de 2011.  [10] "O Silvio que não sorri", *Folha de S.Paulo*, 6 de fevereiro de 2011.

tenho todo esse dinheiro, se vocês me cobrarem, vou à falência. Só que vou sair falando que foram vocês que faliram o Silvio Santos."[11]

Num primeiro momento, ele colocou todo o seu patrimônio, avaliado em cerca de 3 bilhões de reais, como garantia – o valor da fraude inicialmente divulgado foi de 2,5 bilhões de reais. Aceitou vender o banco para o BTG Pactual por 450 milhões de reais, sem receber um tostão do negócio, e convenceu o Fundo Garantidor de Créditos, entidade privada que recebe recursos dos correntistas, a cobrir a principal parte do rombo. O fato de a Caixa Econômica Federal ser sócia do Panamericano ajudou o empresário a negociar uma operação de salvamento. Ao final, ficou sem o banco, mas conservou integralmente o seu patrimônio. "Ele usou com habilidade o risco de quebra do banco e o trunfo de ter como sócio a Caixa Econômica Federal para sair da história com o menor prejuízo possível", anotaram Gilberto Scofield Jr. e Ronaldo D'Ercole, em *O Globo*, citando executivos ligados à operação de salvamento.

Em fevereiro de 2014, Silvio Santos apareceu na capa da revista *Veja São Paulo*, vestindo bermuda e camisa estampada, próximo à pia de uma cozinha, colocando louça numa máquina. Em letras garrafais, o título diz: "Eu levo a vida mais simples do mundo". A foto de Fernando Moraes e a reportagem de João Batista Jr., realizadas na casa do apresentador, na Flórida, reforçam a imagem preferida de Silvio, a do homem de hábitos comuns, "gente como a gente", apesar de bilionário.

Na entrevista, ele conta que, além de lavar louça quando está em Orlando, compra roupas em redes populares, vê séries e filmes na TV à noite com a mulher, aprecia "batata assada com manteiga" e não gosta de comida saudável (um risoto de quinoa que a mulher, Iris, o obrigou a comer). Avesso

---

[11] "Show do bilhão", *Poder*, 1º de abril de 2013.

a desperdícios, ele diz: "Eu não jogo dinheiro fora. As passagens de primeira classe são muito caras. Por que vou andar na primeira classe se ela é igual à executiva?".

Em agosto de 2014, apenas seis meses após a capa da *Vejinha*, porém, Silvio teve que encarar novamente o mundo real – o rombo do Panamericano – e, mais uma vez, adotou a postura de marciano. Testemunha de defesa de um dos réus na ação penal sobre a quebra do banco, o empresário se viu obrigado a enfrentar as perguntas dos advogados dos acusados, de um procurador da República e do juiz federal que conduzia o processo. Segundo o relato de Fausto Macedo, no *Estadão*, a frase mais repetida por ele foi "não me lembro".

Questionado se havia lido o depoimento anterior, Silvio disse que não se lembrava nem de ter ido à Polícia Federal, muito menos do que disse na ocasião. "Minha memória, a idade...", suspirou. E sobre o advogado que o acompanhou na ocasião: "Não lembro, advogado sabe menos do que eu. Não é meu costume ir com advogado". O vexame prosseguiu com frases do tipo: "Fui uma única vez no banco. Não me lembro, realmente, quem me disse isso. O que tem de fofoca. Se você vai se preocupar com fofoca é melhor ser funcionário do que ter uma empresa. Fofoca é muito comum em empresa".

Ao ser questionado sobre os pagamentos de bônus para os executivos da instituição, disse: "Não sei, minha função é só animador de programa. Procuro colocar gente competente nas empresas, não me envolvo com as empresas". O depoimento segue nessa toada, repleto de "me diziam que", "me falaram que" e "não sabia", chegando ao ápice quando o apresentador repetiu não conhecer a própria composição do Grupo Silvio Santos: "Dizem que tem trinta empresas. Eu só conheço três, a Jequiti, que é muito atuante no mercado, a Liderança e o SBT". E mais: "Todo mês eu participava de reuniões, tinha o Resultado Geral dos Acionistas. Aquilo ali, ler ou não ler é a mesma coisa. É tanto número! Eu! Eu finjo que entendo, é muito número".

Eu finjo que entendo, Silvio.

Em fevereiro de 2018, o juiz João Batista Gonçalves, da 6ª Vara Criminal Federal de São Paulo, condenou sete ex-diretores do banco Panamericano por crimes cometidos entre 2007 e 2010. O ex-diretor-superintendente Rafael Palladino foi condenado a oito anos e seis meses de reclusão em regime inicial fechado.

## O mito da aposentadoria

Ativo e atuante em 2018, aos 87 anos, Silvio Santos anunciou diversas vezes, nos 45 anos anteriores, a intenção de se aposentar. Em algumas situações, a "carta da aposentadoria" foi usada como uma espécie de ferramenta motivacional, fosse para os candidatos a suceder-lhe dentro da emissora, fosse como preparação do terreno para alguma mudança interna. Reunidos, em sequência, os diferentes anúncios reforçam a impressão de que, ao longo de sua carreira, Silvio não teve dificuldade alguma em escrever a própria história e moldar a mitologia a seu respeito.

A primeira menção que encontrei sobre o assunto é de 26 de março de 1972 – Silvio tinha 41 anos. Em uma reportagem de página inteira do *Última Hora*, assinada por Nelson Rubens, o leitor é convidado a conhecer "o perfil sem sombras" do apresentador. "É Silvio Santos, 36 anos de idade, na melhor fase de sua carreira", informa o jornal, subtraindo cinco anos da idade do entrevistado. "E que daqui a cinco anos vai se retirar dos palcos, conforme os planos elaborados, como todas as coisas que faz", avisa o repórter.

Em 21 de fevereiro de 1988, ao regressar à TV depois de quatro semanas sem gravar, em meio aos mais variados boatos sobre o seu estado de saúde, Silvio Santos colocou gasolina nas especulações sobre a sua aposentadoria como apresentador de

TV. Ele tinha, então, 57 anos. E deu a entender que o esforço que fez para manter Gugu Liberato no SBT, depois que o apresentador chegou a assinar contrato com a Globo, devia-se ao fato de que o havia escolhido como seu sucessor diante das câmeras. Ao vivo, ouviu "Nair, de Santo André", perguntar pelo telefone: "Quero saber se você vai deixar de apresentar o programa nos domingos". E respondeu:

> Vou, sim. Mas não agora. Vou fazer 58 anos em dezembro. Esta temporada, de 1988, eu vou fazer cinco horas e o Gugu, quatro. Na temporada de 89, eu faço três horas e Gugu, seis. Na temporada de 90, vou fazer sessenta anos, eu faço uma hora, uma hora e meia do Baú, e o Gugu faz o restante. Ao completar sessenta anos, eu vou fazer Miss Brasil, Troféu Imprensa e mais alguns shows para satisfazer a minha vaidade de homem de televisão. Paro. Não quero mais.

A Cida Taiar, no *Jornal do Brasil*, uma semana antes, havia dito mais ou menos a mesma coisa:

> O homem Senor Abravanel está em condições mais avançadas que o animador de programas de televisão. [...] Por isso, estou entregando aos poucos o programa para o Gugu para que eu possa fazer alguma coisa a mais. [...] Se eu fosse pastor, iria pregar. Como sou um homem de comunicação, vou usar a televisão. Não vou animar programa, fazer gracinha, isso não está me satisfazendo mais. [...] O Gugu disse a um jornalista: se for para ser sucessor do Silvio, eu fico. Pensei: "Ah, então vai ser, vai ser". Inteligência.

Nos 21 anos seguintes a essas declarações, Gugu fez de tudo um pouco no SBT. Apresentou programas variados, aos sábados e domingos. Fez muito sucesso com uma atração própria, o *Domingo Legal*, mas nunca viu chegar a oportunidade de ser o sucessor do Patrão. Em 2009, assinou contrato com a Record.

Depois do anúncio da aposentadoria em 1988, Silvio Santos só voltou a falar do assunto, publicamente, dez anos depois. Em 1998, durante a gravação do Troféu Imprensa, anunciou: "Quero sair de cena em um ano e meio ou dois", conforme reportou Luiz Costa no *Estadão*. "Se a repercussão de minha saída e a vaidade dos meus possíveis sucessores atrapalharem, posso adiar os planos, mas não gostaria", acrescentou. O repórter registrou, então, que "os nomes prováveis" para assumir o programa de Silvio eram Gugu e Celso Portiolli.

Dois anos depois, a aposentadoria de Silvio foi tema de uma reportagem de capa da revista *Veja*, em maio de 2000. "Perto de completar setenta anos e no auge de sua carreira, Silvio Santos chega à conclusão de que está cansado de ser Silvio Santos", anuncia a revista. "Quando, afinal, o senhor vai se aposentar?", pergunta o repórter Ricardo Valladares.

> Meu plano era parar aos setenta anos. Mas não sei se vou conseguir. Há uma resistência grande a isso dentro da emissora. Os executivos dizem que se eu parar o SBT regride, o Baú não vende. É tudo mentira. Os executivos falam isso porque eles ganham bônus e acham que as coisas são mais fáceis com o Silvio Santos lá, porque o Silvio Santos é um bom vendedor. Mas eu acho que o SBT não pode depender mais do Silvio Santos. A Globo não é sinônimo de Tarcísio Meira, Regina Duarte, Xuxa, Faustão. Da mesma forma, o SBT não tem que ser sinônimo de Silvio Santos, Hebe Camargo, Gugu ou Jackeline [Petkovic]. O SBT tem que ser uma linha de produção. Se o artista convier ao SBT, ótimo. Se não, troca-se e não acontece nada com a emissora.

Em 2003, o SBT não renovou o contrato com Jackeline. Gugu partiu rumo à Record em 2009. E Hebe deixou a emissora no fim de 2010, por não aceitar um corte em seus vencimentos, e foi para a RedeTV!

Silvio Santos sobreviveu ao anúncio da aposentadoria feito na *Veja* em 2000 e seguiu apresentando o programa aos domingos como se nada tivesse acontecido. Novos planos foram feitos para outra data redonda, os oitenta anos, completados em 12 de dezembro de 2010. Mas a quebra do banco Panamericano, no início de novembro, teria mudado o roteiro, mais uma vez. Em texto publicado na *Folha*, no dia 28 de novembro, o jornalista Ricardo Valladares informou:

> Com suas empresas dependendo mais ainda de sua imagem de apresentador, Silvio sabe que a aposentadoria aos oitenta terá de ser adiada. Sua meta agora é manter a sua principal ferramenta de trabalho funcionando cem por cento: o famoso vozeirão. Para isso ele tem feito exercícios diários a mando de sua fonoaudióloga.

Sem dar sinais de que pensa em parar, em 2018 o animador festejou 55 anos do *Programa Silvio Santos*. É um recorde na TV brasileira. Gravado durante a semana, o programa ocupa quatro horas, das 20h à meia-noite, da grade dominical do SBT. Já não é líder de audiência há muitos anos (perde para as atrações da Globo, *Domingão do Faustão* e *Fantástico*), mas conserva a vice-liderança com alguma folga em São Paulo. Nos seus últimos trinta minutos, especialmente quando disputa com algum filme ou série americana exibida pela Globo, Silvio consegue superar a rival por pequena diferença.

A estrutura do programa segue imutável. Na plateia são admitidas apenas mulheres. Silvio as diverte atirando aviõezinhos de dinheiro e fazendo perguntas de duplo sentido. Coisas do tipo:

"Se um quero-quero cruzar com um pica-pau, que nome eles deveriam colocar na filha deles? Quero pau! Quero pica! Quero pica-pau! Quero ver todo mundo falando: Quero pau! Quero pica! Quero pica-pau! Muito boa. Parece música de Carnaval. Ganhou cem reais", disse à moça que exibiu um cartaz com a brincadeira.

Dois quadros principais são exibidos quase todos os domingos, o "Jogo das 3 Pistas" e o "Jogo dos Pontinhos". No primeiro, dois candidatos, normalmente pessoas famosas, tentam adivinhar uma charada a partir das dicas que Silvio dá. A graça maior da atração, normalmente, é a "entrevista" que o apresentador faz com os convidados, expondo-os a variados graus de constrangimento. Entrevistando a ex-Miss Brasil Débora Lyra, em 2015, ocorreu o seguinte diálogo:

> Silvio: Você tem namorado?
> Débora: Não.
> Silvio: Você tem noivo?
> Débora: Não.
> Silvio: Você tem marido?
> Débora: Não.
> Silvio: Você tem amante?
> Débora: Não.
> Silvio: Não tem nada?
> Débora: Nem pretendente.
> Silvio: Mas é sapatão?
> Débora: Não! Também não.
> Silvio: Não tem nada?
> Débora: Você acredita que ninguém chega em mim, Silvio?
> Silvio: Você é uma mulher grande, bonita e cara. Pra casar com você precisa ter dinheiro. Porque você precisa conservar essa beleza que você tem.
> Débora: Obrigada.
> Silvio: Você tem que ser miss até os cinquenta.

O segundo quadro conta com seis participantes fixos, entre os quais uma das filhas de Silvio, Patrícia Abravanel, e as modelos Helen Ganzarolli e Lívia Andrade. Silvio lança uma questão para o auditório. Por exemplo: "A Lívia Andrade aparece nua numa foto com o corpo coberto com o quê?". Algumas colegas do auditório arriscam respostas, enquanto os seis participantes anotam suas opções num cartão. Quando as respostas coincidem, as moças ganham cinquenta reais. Nesse caso, exibido em fevereiro de 2018, as respostas que mais coincidiram foram "toalha" e "lençol", mas a que mais agradou ao Silvio foi a sugestão feita por uma moça chamada Ananda: "Chocolate". "Isto que é ideia boa", disse o apresentador.

Com o objetivo de realçar o peso da idade, o humor autodepreciativo, de cunho sexual, se tornou constante no contato com as convidadas. "Eu faço sexo quase todo dia. Quase segunda, quase terça, quase quarta...", repete, sempre que surge uma oportunidade. Ou: "Quando eu falo em sexo eu choro... Choro de saudade". Também com a plateia, Silvio costuma se queixar da velhice: "Vocês só vêm aqui por causa dos aviõezinhos. Eu sempre penso que o auditório vai dizer que vem aqui por minha causa, mas aí teve uma engraçadinha que gritou lá no fundo: 'Quem gosta de velho é asilo'". O bom humor de Silvio com o tema é antigo. Nos anos 1980, ele gravou a marchinha de Carnaval "A pipa do vovô", de Manoel Ferreira e Ruth Amaral, que nunca deixou de ser tocada em seu programa.

## 3.
# De animador de comício a candidato presidencial

Canais comerciais de televisão aberta são concessões públicas e alcançam milhões de pessoas – 97% da população brasileira. A atividade dos empresários desse setor, mesmo daqueles preocupados exclusivamente em ganhar dinheiro, também envolve diferentes interesses políticos. Como todos os seus pares, Silvio Santos sempre esteve próximo ao campo da política. Mesmo quando deu a entender que não tinha interesse ou não compreendia as filigranas desse universo, o empresário foi obrigado a se envolver e a manter contatos com políticos em diferentes níveis. O fato de ser um animador muito popular sempre foi um complicador para ele nesse terreno – os movimentos que fez frequentemente tiveram muita repercussão e ganharam mais visibilidade do que os realizados por outros empresários do meio. Algumas de suas ações, como pretendo demonstrar, iluminam aspectos pouco edificantes que as biografias oficiais preferem minimizar.

O primeiro contato de Silvio Santos com o mundo político se deu em 1958, por iniciativa dele próprio, segundo a sua biografia oficial. Sem recursos para adquirir uma van, necessária para transportar os artistas da Caravana do Peru que Fala, com a qual rodava São Paulo, ele se ofereceu como garoto-propaganda de um conhecido político, Antonio Silvio Cunha Bueno (1918-1981), então candidato a deputado federal. Em 1972, Silvio explicou:

Propus fazer quarenta shows em praças públicas em troca de um jipe, que naquele tempo custava 200 mil cruzeiros. O candidato achou muito caro e se propôs a me dar metade do jipe, sugerindo que eu arranjasse um candidato a deputado estadual para pagar a outra metade. Arranjei o deputado Carlos Kherlakian, que só pagaria 50 mil cruzeiros, e eu topei, assinando promissórias dos 50 mil cruzeiros restantes.

A oferta a Cunha Bueno não foi aleatória, uma vez que o político também era diretor da Willys, fabricante do automóvel Jeep. Já Kherlakian, eleito deputado estadual pela primeira vez em 1954, era de uma família de comerciantes de calçados, cujas lojas patrocinavam o programa *Vamos Brincar de Forca*, atração que Silvio apresentava na rádio Nacional e, posteriormente, em 1960, na TV Paulista.

O resultado da eleição de 1958 sugere que a propaganda feita por Silvio Santos nos comícios foi benéfica aos dois candidatos. Disputando pelo PSD, Cunha Bueno recebeu 71 578 votos, sendo o quarto deputado federal mais votado, atrás apenas de Emilio Carlos Kirillos (um conhecido jornalista muito próximo a Jânio Quadros), Ivete Vargas (sobrinha de Getúlio) e Ulysses Guimarães, do mesmo partido que ele. Já Kherlakian teve 12 523 votos, quase três vezes mais do que os 4387 votos registrados na sua primeira eleição, quatro anos antes. Foi o 15º deputado estadual mais votado – e o mais bem colocado da sua legenda, o PRP, fundada pelo líder integralista Plínio Salgado.

A relação de Silvio Santos com Kherlakian ia além da política. Em depoimento ao Museu da Imagem e do Som, o ex-deputado contou que cedeu a Silvio, sem custo, o contador da firma de calçados para ajudá-lo, em meio período, nos primórdios do Baú da Felicidade. Mas Silvio gostou tanto do funcionário, chamado Ascenção Serapião, que acabou contratando-o. Foi diretor do Baú por treze anos.

Em 1987, Luiz Fernando Emediato e Marcos Wilson, no *Estadão*, perguntaram a Silvio se ele nunca havia pensado em se candidatar a algum cargo político. Ele contou que Cunha Bueno havia proposto a ele que se candidatasse a deputado estadual naquela eleição de 1958. Mas ele preferiu ouvir um conselho de Manoel de Nóbrega, que chegou a ser deputado estadual: "Nunca se meta em política". Na sequência, sem nenehuma relação com esse assunto, Silvio acrescentou que devia um favor a Cunha Bueno: "A primeira casa que comprei em São Paulo, e que paguei em quinze anos, foi com financiamento da Caixa Econômica, arrumado pelo Cunha Bueno".

A gratidão a Cunha Bueno e Kherlakian ficou registrada, em 2016, na exposição "Silvio Santos Vem Aí!", no MIS, dedicada à sua trajetória pessoal e profissional. No chão, ao longo de todo o espaço da mostra, foram colocadas dezoito estrelas, como numa calçada da fama, representando personalidades que Silvio escolheu pessoalmente. Junto a nomes bem conhecidos dos fãs, como Manoel de Nóbrega, Luciano Callegari, Roque, Lombardi, Jassa, Guilherme Stoliar e Carlos Alberto de Nóbrega, constavam estrelas para os dois políticos que contrataram seus serviços de animador de comícios na década de 1950.

## Um lobista no Planalto

Silvio voltou a ter contato com o mundo político no fim de 1970, quando começou a articular a concessão de um canal de televisão. Como ele próprio contou à *Veja* em 1971, o lobby pela obtenção da Excelsior o levou a Brasília, ao gabinete do então presidente general Médici. "Acho você um grande animador", teria dito o ditador no encontro, sinalizando para Silvio que o seu maior capital, a popularidade, podia ser também um fator limitador de suas ambições. Para ser dono de um canal de TV era preciso mostrar capacidade como empresário, com tudo o que isso implica no ramo das comunicações.

Arlindo Silva, que não estava presente, registra em seu livro a descrição que Silvio fez do encontro com Médici:

> "Silvio, você está bem? Você quer um canal de televisão, não é? Olhe, infelizmente não posso fazer nada, porque o Corsetti [ministro Higino Corsetti] não quer dar para você." E não deu, efetivamente. Para nós foi uma surpresa muito desagradável, porque o projeto do *Jornal do Brasil* – que acabou ganhando as duas concessões, no Rio e em São Paulo – não tinha nada, absolutamente nada, tanto que eles não conseguiram viabilizar nada, não montaram nada, nem o canal do Rio, nem o de São Paulo. Nossa primeira batalha para conquistar um canal de televisão terminou assim, de forma traumática, com meia dúzia de palavras do presidente da República.

Em 1975, já no governo Geisel, surge a segunda oportunidade – a concorrência pelo canal 11, no Rio de Janeiro. Escreve Arlindo: "Mais uma vez a luta ia começar. Mas seria uma luta diferente. Seriam convocados todos os amigos com influência no governo, não para pedir favorecimento político, mas para mostrar a viabilidade do projeto elaborado pelo pessoal de Silvio Santos". O empresário, tudo indica, compreendeu que conquistar um canal de TV não era tão simples quanto abrir uma nova loja do Baú. Exigia não apenas capital financeiro e competência gerencial, mas relacionamento político, com tudo o que isso implicava num regime militar, ditatorial, com o

Congresso intimidado e a imprensa submetida à censura, conforme vivia o Brasil naquele momento.

Uma das armas foi o próprio Arlindo, contratado por Silvio em junho de 1975 para gerir a área de assessoria de imprensa e relações públicas do grupo. "Dias antes de tomar posse, tive uma reunião com Silvio na sala que ele ocupava na rádio Globo, na rua das Palmeiras. Ele foi logo dizendo: 'Olhe, eu preciso ganhar um canal de televisão'." O jornalista conta que ajudou a aproximar o novo patrão de Golbery do Couto e Silva, então chefe da Casa Militar do governo Geisel. Arlindo diz que era "amigo fraterno" do advogado Gabriel Richaid, procurador de Golbery. "Sem o apoio dele [Golbery] seria difícil", disse Arlindo a Gonçalo Júnior, em entrevista publicada na *Gazeta Mercantil*, em dezembro de 2000. "Ele ocupava uma posição tão importante no governo que, se desse uma opinião, tinha influência. Ele era chamado de 'bruxo' porque tinha grande capacidade de manipulação política."

Em seu livro, Arlindo diz que também ajudou a erguer uma outra ponte com Golbery, por meio do jornalista Humberto Mesquita, que aproximou Silvio Santos do então deputado federal Rafael Baldacci. "Meus amigos em Brasília se impressionaram com aquela ideia de as próprias empresas do Grupo Silvio Santos sustentarem comercialmente a emissora, dispensando, se necessário, propaganda de outros anunciantes", diz Baldacci a Arlindo. "Nos contatos tanto com o ministro Quandt de Oliveira como com o ministro Golbery – mais influente no governo –, constatamos a simpatia pelo projeto", conta o lobista ao biógrafo.

Executivo do grupo Silvio Santos, Dermeval Gonçalves também atuou no lobby junto aos militares – em particular junto a João Figueiredo, então chefe do Serviço Nacional de Informações (SNI), como relatei no primeiro capítulo.

Alguns meses antes do anúncio do resultado, Silvio foi objeto de uma matéria de capa da *Veja*. É uma longa reportagem, de sete páginas, que expõe os bastidores do programa e, ao mesmo tempo, descreve em detalhes a estrutura dos negócios montada pelo empresário. Silvio dirá, posteriormente, que essa reportagem foi decisiva para conquistar o canal. Ao final do texto, ele diz ao repórter Tão Gomes Pinto: "A minha televisão será diferente de todas as que existem. Não dependerá de Ibope. Seria mesmo a televisão que o povo e o governo gostariam de ter no momento".

Gomes Pinto, então, anota:

> É possível que ele saiba exatamente o que o povo quer, embora jamais tenha se preocupado em melhorar efetivamente o bom gosto dos telespectadores. O que o governo quer, talvez ele esteja tentando descobrir. O que explicaria suas constantes idas a Brasília, convites a autoridades para que apareçam no vídeo ao seu lado e a inclusão, já há algum tempo, de perguntas como "Quem é o ministro tal?" num dos números mais valiosos e valorizados do seu programa. Afinal, saber o nome de um ministro pode valer um automóvel.

O método pouco ortodoxo de Silvio, que o distingue de qualquer outro empresário de comunicação, inclui, ainda, o convite ao auditório para cantar: "O presidente Geisel... é coisa nossa!". E o mesmo com Baldacci, Golbery e Quandt de Oliveira, entre outros.

Na disputa pelos canais que formarão o SBT, em 1981, Silvio repetirá esse modus operandi, fazendo inúmeras visitas a diferentes ministros militares e os promovendo na TV. Nos relatos sobre como venceu a concorrência, dois personagens são acrescentados – Dulce Figueiredo, mulher do então presidente Figueiredo, e Carlos Renato, escritor e primo da primeira-dama (e jurado do *Programa Silvio Santos*). Além da dupla Dom e Ravel, contratada por Silvio a pedido no ministro da Aeronáutica.

A ajuda que Carlos Renato (1922-2005) deu a Silvio Santos se soma a vários outros episódios curiosos e incomuns ao longo de sua carreira. Jornalista, ele atuou por quase duas décadas no *Última Hora*, jornal criado por Samuel Wainer. Inicialmente na cobertura esportiva, dedicou-se a acompanhar o universo do jiu-jítsu e é visto como responsável por instigar aquela que é considerada uma luta histórica, a única derrota na carreira do mitológico Hélio Gracie. A luta, ocorrida em 1955, se deu depois que Waldemar Santana, discípulo de Gracie, foi expulso da academia. Estimulado por Carlos Renato, que se tornaria seu empresário, o lutador provocou o mestre por meio de declarações ao *Última Hora*. Já aposentado, Gracie aceitou o desafio. A luta, reza a lenda, durou quase quatro horas e terminou com a vitória de Santana.

No jornal de Samuel Wainer, Carlos Renato também foi o titular da coluna "Luzes da Cidade", dedicada à cobertura social em bairros da Zona Norte do Rio. A coluna era uma espécie de espelho invertido das colunas sociais tradicionais, que se limitavam a falar do que ocorria na Zona Sul da cidade. Cobria concurso de miss no subúrbio, informava sobre eventos em clubes e sobre acontecimentos sociais. Carlos Renato também escrevia crônicas sentimentais, sob a rubrica "A ti eu digo". Muito influenciado por Nelson Rodrigues, de quem era "discípulo íntimo", segundo o jornalista Pinheiro Júnior, publicou vários livros com títulos exuberantes, como *O marido fiel, esse chato* e *É preciso salvar a mulher casada*.

A fama no jornal levou Carlos Renato à televisão, primeiro como jurado dos programas de Flávio Cavalcanti (*A Grande Chance* e *Um Instante, Maestro!*) e depois dos programas de

Silvio Santos. Segundo seu filho, o músico Dudu Castro, Carlos Renato foi contratado por Silvio já com o objetivo de ajudá-lo na concessão de canais de TV. "Ele fez o que hoje se chama de lobby", diz Castro. "Ele era primo-irmão de Dulce Figueiredo. Conhecia todo mundo. Teve atuação fundamental para a conquista do canal pelo Silvio Santos. Claro que o parentesco ajudou, mas não só." Depois de trabalhar para Silvio Santos, conta Dudu, Carlos Renato foi contratado pela Globo: "Ele foi chamado para resolver algumas coisas para o Roberto Marinho. Foi assessor do dr. Roberto. Ia muito a Brasília falar com a censura na época de *Roque Santeiro*.[1]

A boa relação de Silvio Santos com o governo Figueiredo resultou, entre outras coisas, na posterior concessão ao SBT, em 31 de janeiro de 1985, do canal 12 de Brasília. Disputada por sete candidatos, a concorrência foi decidida pelo próprio general Figueiredo, como explicou ao *Jornal do Brasil* o ministro Carlos Átila, porta-voz do Palácio do Planalto: "Foi uma escolha pessoal do presidente", disse. "O decreto, de nº 90.888, foi assinado na última quinta-feira, apenas dois dias depois do encerramento do prazo de apresentação de propostas para a concorrência pública e alguns meses após um jantar oferecido por Silvio Santos a Figueiredo, em São Paulo", anotou o jornal.

Essa concessão ao SBT e dezenas de outras assinadas por Figueiredo nos últimos dias do regime militar, encerrado em 14 de março de 1985, se tornaram assunto dos jornais nos primeiros dias do governo Sarney. Estamos então nos primeiros dias da Nova República, e o novo ministro das Comunicações, Antonio Carlos Magalhães, logo prometeu rever essas concessões, que tinham cheiro de compadrio.

[1] Entrevista ao autor. Sobre a passagem de Carlos Renato pelo *Última Hora*, ver o livro de Pinheiro Júnior: *A Última Hora (como ela era)*. Sobre o papel do jornalista na luta de Waldemar Santana e Hélio Gracie, ver *Filho teu não foge à luta*, de Fellipe Awi.

Mas Silvio Santos já tinha aprendido o caminho das pedras nas suas muitas visitas a Brasília nos governos Médici, Geisel e Figueiredo. No dia 10 de maio, o dono do SBT foi recebido pelo presidente José Sarney no Palácio do Planalto. À saída, sorridente, disse aos jornalistas que não recorreria caso o governo decidisse cancelar a concessão. Mas não foi preciso – nunca mais se falou desse assunto.

O jornalista Josias de Souza, especialista na cobertura política, lembra que essa foi uma época favorável a quem tinha negócios na área de comunicação:

> Sob José Sarney, as concessões foram transacionadas às escâncaras no balcão do fisiologismo. Em cinco anos, Sarney distribuiu 958 concessões, entre emissoras de rádio e de TV – bem mais que as 634 autorizações emitidas durante o governo do general João Baptista Figueiredo. Sob FHC, o governo modificou as regras. As concessões de emissoras comerciais passaram a ser vendidas em licitações públicas. Apenas as emissoras ditas "educativas" continuaram a ser concedidas de graça (mercê da generosidade de FHC e de Lula, muitas foram parar nas mãos de fundações vinculadas a políticos).[2]

Josias ainda acrescenta:

> Quando as concessões comerciais começaram a ser licitadas pelo Estado, os principais conglomerados já estavam consolidados. Mas foram erguidos sobre alicerces que desaconselhavam arroubos de independência. Pela lei, nenhuma empresa ou pessoa podia ter participação em mais de dez emissoras de TV em todo o país. Desse

---

[2] Entrevista ao autor.

total, apenas cinco poderiam operar como emissoras VHF. As famílias que dominam o setor driblaram as regras esgueirando-se por uma brecha da lei. Uma fenda que sucessivos governos se abstiveram de fechar. Formaram-se oligopólios a partir do registro de concessões em nome de empresas diferentes do mesmo grupo e membros das mesmas famílias. Entre elas, por exemplo, as famílias Marinho (Globo), Abravanel (SBT), Saad (Bandeirantes) e Sirotsky (RBS). De resto, algo como 25% das concessões foram às mãos de familiares e "laranjas" de políticos, cujos canais reproduzem nos estados a programação das redes nacionais.

Na entrevista a Gonçalo Júnior, Arlindo Silva diz que João Figueiredo (1918-1999) foi o presidente de quem Silvio Santos mais teve proximidade durante o regime militar. "Por uma simples razão: um dos jurados de Silvio Santos, Carlos Renato, era primo de dona Dulce Figueiredo, mulher do presidente. Carlos Renato era jornalista conhecidíssimo no Rio de Janeiro, colunista durante muitos anos. Carlos Renato realmente ajudou bastante..."

Alguns meses antes dessa entrevista, em maio de 2000, Silvio Santos relatou a Ricardo Valladares, na *Veja*, que manteve uma relação pessoal com Figueiredo, confirmando o encontro relatado pelo *Jornal do Brasil* quinze anos antes.

Uma vez ele me convidou para jantar em Brasília e eu retribuí o convite convidando-o para ir à minha casa. Era um sujeito firme. Quando não gostava de alguém, dizia na cara. Mais tarde, ele me deu uma concessão em Brasília. Disse na ocasião: "Estou com o saco cheio dos Marinho, então vou te dar este canal para eles sossegarem um pouco". Ele havia brigado com os Marinho. Figueiredo, sim, era machão.

Essa tese, difundida em alguns meios, de que Silvio Santos foi contemplado com uma rede de TV como forma de fazer contrapeso à Globo, exige algum malabarismo para se sustentar. A Abril e o Jornal do Brasil, que também concorriam pelos mesmos canais, teriam muito mais condições, em teoria, de representar uma contraposição a Roberto Marinho, mas ambos os grupos foram derrotados na concorrência. Faz mais sentido imaginar que a concessão tanto a Silvio Santos quanto a Adolfo Bloch obedeceu a um outro interesse, o de beneficiar dois empresários que não manifestavam maior ameaça, do ponto de vista crítico, ao regime, em oposição aos grupos controlados pelas famílias Civita (dona da *Veja*) e Nascimento Britto (que editava o *JB*).

Josias de Souza vê a movimentação de Silvio Santos por gabinetes de ministros e presidentes como uma particularidade em relação aos seus concorrentes:

> A bajulação de presidentes da República e ministros da pasta das Comunicações foi, durante muito tempo, a principal arma no mercado das telecomunicações. Todos jogaram esse jogo. O que distinguia Silvio Santos dos demais é que ele nunca se preocupou em disfarçar o puxa-saquismo. A sabujice do setor tem origem no fato de que as concessões de rádios e TVs comerciais eram distribuídas gratuitamente a personagens e grupos escolhidos pelo Poder Executivo. Os critérios eram essencialmente políticos.

### Candidato a prefeito, governador e presidente

Silvio Santos sempre se declarou "apolítico", e não há razões para duvidar disso em sua trajetória – mesmo ele tendo animado comícios, na década de 1950, para deputado filiado ao partido de Plínio Salgado, ou bajulado o general Figueiredo no quadro "A Semana do Presidente", lançado em resposta à concessão dos canais que formaram o SBT, em 1981.

Na prática, a história de Silvio na política é a de uma pessoa aparentemente ignorante, sonsa e leviana. Ele vai demonstrar isso mais claramente num período de cinco anos, entre 1988 e 1992, quando fará tentativas malsucedidas para ser candidato a prefeito de São Paulo (duas vezes), presidente da República e governador do estado. Nessas experiências, em especial na de 1989, o animador e dono de canais de TV vai exibir uma sinceridade desconcertante, o que é muito elogiável, mas também uma irresponsabilidade tão grave quanto chocante.

Para entender como teve início a "vida política" de Silvio é preciso regressar ao dia 21 de fevereiro de 1988. De volta dos Estados Unidos, onde passou por exames médicos, Silvio Santos fez um programa ao vivo, respondendo por mais de sessenta minutos a perguntas do júri, de artistas convidados e de espectadores. Como relatado no capítulo anterior, logo na primeira resposta, fez um mea-culpa por ter escondido do público o seu primeiro casamento. Em seguida, disse que pretendia se aposentar como animador em 1990, ao completar sessenta anos. Em tom demagógico, sugeriu que todas as emissoras deveriam se unir e exibir telejornais no mesmo horário, de maneira a obrigar o espectador a se informar. "Para aprender a ser brasileiros e patriotas", explicou. Depois, respondendo a Carlos Alberto de Nóbrega, que quis saber o que ele planejava fazer após abandonar a carreira, como havia acabado de anunciar, Silvio mostrou – ainda que de forma um tanto paradoxal – que de fato pensava em se aventurar na política. Ele disse:

> Quando eu tiver meu tempo disponível, eu pretendo utilizá-lo da melhor maneira possível. Essa melhor maneira

possível, Deus queira que não seja pescar. Deus queira que não seja jogar buraco. Deus queira que não seja ficar ouvindo o matraquear da minha mulher. Deus queira que eu não entre na política e comece a fazer comício e a subir em palanque. Como eu já disse no jornal, se entrar em mim o demônio da política, eu vou ter condições de exorcizá-lo. O que eu vou fazer com meu tempo disponível? Alguma coisa útil para a comunidade. Porque quem tem uma estação de televisão, tem que fazer alguma coisa pela comunidade. Senão, não tem condições de ser dono de televisão.

A sua completa incapacidade de lidar com o universo da política começaria a ser exibida poucos dias depois desse programa, quando se filiou ao Partido da Frente Liberal (PFL). "Foi o primeiro que me convidou", explicou aos jornalistas que o questionaram, no dia 3 de março. "Assinaria a ficha de qualquer outro partido, mesmo que fosse do PT ou do PCB", completou.

Animado com a filiação, o PFL logo manifestou interesse em ver Silvio Santos disputando a prefeitura de São Paulo no fim daquele ano. Silvio, porém, não disse sim nem não. Aos jornalistas que o questionaram a respeito, informou que, antes, precisava ouvir do PFL respostas a uma dezena de perguntas, como: "O prefeito pode animar programas de auditório aos domingos?" ou: "O prefeito pode ir a Miami quando desejar e deixar o governo nas mãos do vice?". Ou ainda: "O que é o PFL? Quais são as suas ideias? Poderei, eventualmente, fazer o que o PFL não quer?". E mais: "O partido vai me pedir dinheiro? Porque, se me pedir, eu saio nesta segunda-feira mesmo".

O deboche ficou ainda mais explícito quando Silvio Santos anunciou que responderia ao PFL ao vivo, em seu programa dominical de 6 de março, se aceitaria ser o candidato do partido à prefeitura. Mas, no domingo, depois de falar sobre o assunto, alimentando o mistério, o apresentador encerrou a atração sem responder.

> Eu sempre soube que se dá pão e circo para o povo. O circo eu já dou, e, se houver alguma possibilidade de dar também o pão, eu o farei. Só não quero ser castrado como a maioria dos políticos. Sei que um prefeito não pode fazer tudo o que deseja. Depende da Câmara dos Vereadores, de uma estrutura complexa de poder. Se eu tiver que deixar o palco, talvez não esteja na prefeitura, e sim na presidência da República.

As entrevistas que Silvio deu nesse período são as mais engraçadas e surreais de toda a sua trajetória:

> Se os militares se reunirem e quiserem me apoiar para ser o presidente da ditadura da extrema direita eu também posso topar porque, como minha mulher diz, eu sou autoritário e graças a isso conduzi minhas empresas a bons resultados. Mas ainda tenho que saber o que é centro, direita, extrema esquerda, direita-só, esquerda-só, democracia, socialismo e esta novidade do Gorbatchov.
> [...]
> Entrar para um partido foi uma casualidade. Sou um ignorante politicamente. Não sou apolítico porque se fosse estaria à parte da política. Ignoro a política. Não sei o que é presidencialismo, parlamentarismo, não sei o que é deputado, estou ouvindo falar na Constituinte superficialmente, porque eu nunca li sobre política. Eu passo por cima dela.
> [...]
> Se o partido [PFL] está impaciente por eu não ter ainda decidido se vou ou não disputar a convenção, que tome

tranquilizantes. É problema deles, o que vou fazer? Não sou psiquiatra nem médico.

Em 12 de junho, finalmente, Silvio Santos anunciou em seu programa que havia enviado uma carta ao presidente do PFL em São Paulo dizendo que concordava em disputar a convenção do partido que definiria o candidato à prefeitura. Mas, àquela altura, o PFL aparentemente já não queria mais Silvio como candidato. A carta foi ignorada, e o apresentador viajou para os Estados Unidos com a mulher. Ao voltar, em 20 de julho, encontrou uma saída honrosa: anunciou que desistia da candidatura porque seu médico, nos Estados Unidos, recomendou que deveria ficar sem falar para preservar a voz, afetada por um edema nas cordas vocais.[3]

No fim de janeiro de 1989, ainda com problemas na voz, Silvio Santos foi operado. A cirurgia foi realizada em São Paulo e, ainda no leito, oito horas depois, o apresentador recebeu jornalistas para falar sobre a intenção de disputar a presidência no fim do ano. A frase que soltou entrou para o anedotário: "Minha candidatura à presidência da República só dependerá do fato de eu não ter condições de falar profissionalmente na TV. Socialmente falando, poderia exercer qualquer outra atividade. Mas, se minha voz ficar boa, posso daqui pra frente me dedicar mais à TV do que à política", registrou o *Jornal da Tarde*. Em seu livro, Arlindo Silva reproduz essa mesma frase e acrescenta um detalhe saboroso ao leitor de 2018: "Recostado no leito, [Silvio] tinha nas mãos o livro *A arte da negociação*, do famoso empresário americano Donald Trump".

---

[3] A eleição, em um único turno, foi vencida por Luiza Erundina, do PT (ela teve 29,84% dos votos). Em segundo lugar ficou Paulo Maluf, do PDS, com 24,45%. O PFL se coligou ao PMDB, que lançou João Leiva, ficando em terceiro lugar (com 14,17% dos votos). José Serra, do PSDB, ficou em quarto.

Em um artigo intitulado "Ideias sobre o Brasil e os brasileiros", publicado na *Folha* em 24 de fevereiro, Silvio posou de estadista à sua maneira e escreveu:

> O que o brasileiro tem que pensar é que o principal é ter saúde, porque tendo saúde, tendo vontade de trabalhar, ele ganha vendendo caneta na rua, ganha vendendo flores, ganha pintando paredes, ganha engraxando, ganha levando cachorro pra passear – como alguns brasileiros, amigos meus, nos Estados Unidos, que ganham a vida levando cachorros pra passear.

Em outro trecho, ele observa que "a grande causa da inflação é o déficit público, o custo da máquina administrativa". E a receita para resolver o problema é simples: "Por que o Estado mantém empresas que estão em déficit? Por que o Estado não entrega estas empresas à iniciativa privada?". Ao final, o empresário exorta o leitor/eleitor a uma "mudança de mentalidade". "Acreditar nos homens do governo. Admitir que os homens do governo, quando se levantam pela manhã, vão para o trabalho com vontade de acertar." E pede:

> Os empresários precisam ganhar um pouco menos, trabalhar um pouco mais nas suas indústrias, no comércio, nas áreas de produção em geral, no campo. Os empresários precisam parar de aplicar no open, parar de comprar imóveis, porque o Brasil não vai ser comunista, ninguém vai tomar o dinheiro do empresário, ninguém vai precisar se mudar do país.

Parêntese: em julho de 1989, alguns meses após a publicação desse artigo em que pedia mais investimentos produtivos aos empresários, Silvio foi autorizado pelo Banco Central a abrir um banco múltiplo, capaz de operar tanto na área comercial quanto na de investimento – era o embrião do Panamericano, que começou a operar no ano seguinte e em 2010 sofreria intervenção.

A eventual candidatura de Silvio Santos foi assunto ao longo de todo o ano de 1989, mas o animador não fez, aparentemente, nenhum gesto mais objetivo no sentido de disputar a eleição. O jornalista Mario Sergio Conti lembra, por exemplo, que Fernando Collor visitou Silvio no início do ano disposto a esclarecer o rumor de que ele seria candidato. Collor acreditava que o dono do SBT seria imbatível nas urnas. "Silvio, quero saber se você é candidato ou não. Porque se você for, eu não sou. Não vou perder dois anos de mandato de governador à toa." Recebendo o então governador de Alagoas em sua casa, no Morumbi, o empresário respondeu: "Não, de jeito nenhum. Não vou ser candidato. Sou um artista e não um político. Essa história de disputar a presidência não tem cabimento. Não é verdade?", perguntou, dirigindo-se à mulher. Iris confirmou o desinteresse do marido pela eleição.[4]

Até que em 19 de outubro ele foi chamado pela cúpula do PFL a uma reunião em Brasília. Alguns caciques estavam decepcionados com os números que as pesquisas eleitorais apontavam para o candidato do partido, Aureliano Chaves, e articularam a renúncia dele em favor de Silvio. Segundo os relatos feitos posteriormente, Aureliano participou da reunião e concordou em renunciar. Teria dito que faria isso no domingo, dia 22. Em seu programa, naquele dia, Silvio informou os espectadores sobre a situação. Contou que foi sondado pelo PFL, disse que aceitaria ser candidato à presidência, mas dependia da renúncia de Aureliano. O que não ocorreu. O candidato do PFL voltou atrás.

4 Entrevista ao autor e relato em *Notícias do Planalto*.

Com o primeiro turno marcado para 15 de novembro, aquela seria uma eleição histórica, a primeira por voto direto à presidência desde 1960, quando Jânio Quadros foi eleito. Ou seja, havia 29 anos que o brasileiro não ia às urnas para escolher o presidente da República. Vinte e dois candidatos se apresentaram ao eleitor em 1989. No fim de outubro, as pesquisas apontavam o favoritismo de Fernando Collor (PRN), seguido por Lula (PT), Brizola (PDT) e Covas (PSDB).

Faltando menos de um mês para a eleição, a troca de Aureliano Chaves por Silvio Santos seria um choque, mas era aparentemente legal, do ponto de vista da Justiça Eleitoral. E seria aceitável, se todos no PFL estivessem de acordo com a substituição. Quando a manobra deu errado, restava ao dono do SBT enfiar a viola no saco e voltar a apresentar o seu programa dominical. Mas não. Por motivos insondáveis, ele entendeu, então, que disputar aquela eleição era uma missão – só faltava arrumar um partido.

A irresponsabilidade de Silvio Santos resultou num vexame histórico. Para início de conversa, diferentes partidos nanicos ofereceram a vaga ao animador em troca de dinheiro. Ele rejeitou todas as ofertas. Em 30 de outubro, uma articulação de três senadores do PFL, supostamente com o aval do então presidente José Sarney, levou o minúsculo Partido Municipalista Brasileiro (PMB) a acolher Silvio. O dono da legenda, Armando Corrêa, se dispunha a renunciar em nome do empresário. No dia seguinte, Silvio se filiou ao PMB e autorizou o partido a registrar a sua candidatura. No dia 1º de novembro, o candidato à vice-presidência na chapa, o deputado Agostinho Linhares, que resistiu um pouco à ideia, renunciou e abriu espaço para que o senador Marcondes Gadelha se apresentasse como vice de Silvio. No dia 4 de novembro, a onze dias da eleição, o PMB entregou ao Tribunal Superior Eleitoral (TSE) o requerimento de alteração da chapa. E no dia 9, a seis dias de o Brasil ir às urnas, o TSE considerou que o PMB estava em situação irregular e não poderia disputar a eleição.

Questionado em 1º de novembro se houve uma "manobra política" do Palácio do Planalto para lançar a sua candidatura, Silvio respondeu: "Eu não entendo essas expressões: articulação, manobra ou jogada política", disse. E, fazendo chacota, observou: "Jogada política, para mim, é jogar um político para cima". Como se fosse um velho político populista, respondeu por que decidiu ser candidato:

> A obrigação de servir o meu país, a determinação de dar minha contribuição ao povo, de devolver ao povo um pouco do muito que o povo me deu. Como brasileiros, somos obrigados a servir o país, ou no Exército, como eu servi, ou na sociedade, exercendo um cargo público como o de presidente da República.

No dia 3, saindo para atender os repórteres que faziam plantão diante de sua casa, ele resumiu as suas principais ideias como presidente, segundo o relato do repórter Fernando Rodrigues, na *Folha*. "São seis as suas ideias. Eram três há dois dias", escreveu. "Ontem, eram as seguintes: acabar com a inflação; melhorar o salário mínimo; acabar com a fome; melhorar as condições de moradia para a população; cuidar da saúde do brasileiro; e dar condições de educação para todos. Como vai fazer tudo isso, não sabe. 'Só sei que tenho vontade de trabalhar', afirmou."

Nas poucas aparições que fez no horário eleitoral obrigatório, exibido por todas as emissoras, o candidato ainda teve que lidar com um problema que expunha a improvisação da sua candidatura: como as cédulas eleitorais já estavam impressas, o nome que apareceria para o eleitor, ao lado do número 26, não era Silvio Santos ou Senor Abravanel, mas Armando Corrêa.

Uma solução de última hora foi adaptar o famoso jingle criado por Archimedes Messina ainda na rádio, em 1965. Um clássico:

> Lá, lá, lá, lá...
> Agora é hora
> De alegria
> Vamos sorrir e cantar
> Do mundo não se leva nada
> Vamos sorrir e cantar.
> Lá, lá, lá, lá.
> Silvio Santos vem aí.

Na campanha eleitoral, aproveitou-se a melodia e ficou assim:

> Chegou aqui o que a gente queria
> para o Brasil governar.
> Agora o povo está contente,
> já temos em quem votar.
> É o 26! É o 26!
> Com Silvio Santos chegou a nossa vez.
> É o 26! É o 26!
> Silvio Santos já chegou e é o 26!
> E o Brasil ganhou!!! 26!

No horário eleitoral, o apresentador deu uma aula ao eleitor. Com o mesmo didatismo que sempre usou para vender carnês ou perfumes Jequiti, ele apareceu na TV diante de uma cédula eleitoral ampliada e disse:

> A maior dificuldade minha é que o meu nome não aparece na cédula. Vocês que desejam votar em mim, não vão encontrar o nome de Silvio Santos na cédula. Aqui está a cédula.

Vocês estão vendo? Os nomes de todos os candidatos. Agora, quem pretende votar no Silvio Santos, quem confia no Silvio Santos, quem quer dar o seu voto para o Silvio Santos, deve marcar um xis no 26. Então: 26, Corrêa. Só que não é Corrêa. É 26, Silvio Santos. Porque 26 é o Silvio Santos. E podem acreditar: o Silvio Santos vai lutar por vocês. O Silvio Santos vai defender os interesses do povo. O Silvio Santos vai lutar pelo desenvolvimento do Brasil. Quem confia em mim, quem acredita em mim, deve votar no 26. Marquem o 26.

Em outra mensagem, procurou apresentar o seu "programa de governo". São palavras vagas e demagógicas, que qualquer político, com pouco tempo disponível no horário eleitoral, poderia dizer. A única especificidade é que Silvio podia se dirigir aos potenciais eleitores como "colegas de trabalho":

Hoje eu vou entrar na sua casa chamando você de minhas colegas e meus colegas de trabalho. Porque vocês vão ser as minhas colegas e meus colegas de trabalho. Vamos trabalhar juntos para governar este país. Você sabe o que é reforma social? Você sabe o que é justiça social? Eu também não sabia. Mas reforma e justiça sociais é o que eu pretendo fazer. Eu pretendo imediatamente fazer com que melhore a alimentação do nosso povo, melhore as condições de saúde do nosso povo, melhore as condições de habitação do nosso povo, melhore as condições de educação do nosso povo. Eu pretendo imediatamente atacar a inflação e diminuir a inflação. E eu pretendo imediatamente aumentar o salário mínimo. Estas são as minhas pretensões. É possível fazer? É. É possível governar o Brasil? É. É possível governar qualquer país do mundo desde que o dirigente tenha sensatez, tenha honestidade e faça justiça. E isso eu garanto que vou fazer. As causas de vocês serão as minhas causas. Mas eu preciso do auxílio de vocês. Já que vamos trabalhar juntos durante o meu governo, eu preciso de ajuda de vocês agora no dia da eleição porque meu nome não vai estar na cédula. Não vai. Vocês, para votarem em Silvio Santos...

A Mario Sergio Conti, na *Veja*, Silvio Santos disse não ver nada de errado em sua candidatura:

> A democracia estabelece que os cidadãos têm direitos iguais. Então, qualquer um de nós, qualquer brasileiro, tem direito a ser presidente da República. Acho que esse direito pode ser exercido pelo cidadão tanto dez anos como dois dias antes da eleição. Não acredito, absolutamente, que ao disputar a presidência eu esteja fazendo algo ética ou moralmente errado.

E sugeriu que a resistência ao seu nome seria por preconceito:

> Se o lenhador Abraham Lincoln foi presidente dos Estados Unidos e o ator Ronald Reagan também – e por dois mandatos –, um camelô que virou artista e empresário pode ser presidente do Brasil. Se existem empresários, pessoas de formação universitária e homens de projeção nacional alimentando este tipo de preconceitos contra mim, eles não deveriam estar nas importantes posições que ocupam.

Sem reclamar, Silvio Santos aceitou a decisão do TSE que o impediu de disputar a eleição e deu a entender, em raras declarações após a impugnação, que continuava interessado em disputar eleições.[5]

---

[5] O primeiro turno teve o seguinte resultado: Collor recebeu 30,47% dos votos, seguido por Lula (17,18%), Brizola (16,51%), Covas (11,51%), Maluf (8,85%), Afif Domingos (4,83%) e Ulysses Guimarães (4,73%). Aureliano Chaves ficou em nono lugar, com apenas 0,88% dos votos.

## As outras duas tentativas malsucedidas

Fracassado em 1989 como candidato à presidência, Silvio logo voltou a dar sinais do interesse em disputar um cargo executivo. Em 2 de abril de 1990, ele se filiou ao Partido Social Trabalhista (PST) com o objetivo de disputar a eleição para governador de São Paulo. O partido era um braço auxiliar do PRN do então presidente Collor.

Como havia ocorrido em 1988, quando deu corda ao PFL, que pensou em seu nome para a prefeitura, Silvio deixou que os políticos colloridos em São Paulo levassem adiante a ideia de tê-lo como candidato a governador. No fim de junho, porém, um pouco antes da convenção que sacramentaria seu nome, o empresário informou ao PST que não se candidataria. Por que desistiu? A explicação oficial foi que queria continuar fazendo seus programas na TV e não deveria abandonar as suas empresas. Ora, ele não havia dito, dois anos antes, que planejava parar de apresentar o programa até 1990? "Este não é um bom ano para ele fazer política", disse Arlindo Silva, em nota oficial.[6] O assessor de imprensa não revelou, mas é bem provável que Silvio tenha notado que os ventos já não estavam favoráveis para o presidente. O PRN não elegeu nenhum governador em 1990 – o PFL, com nove, e o PMDB, com sete, ganharam o maior número de estados.

A última aventura, tão desastrada quanto as demais, ocorreu em 1992. Em março, Silvio Santos trocou novamente de partido, voltando ao PFL. Em cinco anos, foram quatro filiações diferentes – uma prática condenável, que o iguala aos políticos mais volúveis do país. A articulação que o trouxe de

[6] A eleição foi vencida, no segundo turno, por Luiz Antônio Fleury Filho (PMDB), candidato do então governador Orestes Quércia. Paulo Maluf (PDS), que ficou em primeiro lugar no primeiro turno, foi o maior derrotado na eleição.

volta ao PFL, com o objetivo de levá-lo a disputar a prefeitura de São Paulo, foi feita pelos mesmos senadores que o conduziram a embarcar na disputa presidencial em 1989 – Marcondes Gadelha, Hugo Napoleão e Edison Lobão, jocosamente apelidados de "os três porquinhos".

O diretório regional do PFL, porém, tinha outro candidato para a disputa, o deputado Arnaldo Faria de Sá, e resistiu à ideia de acolher Silvio Santos. Em junho, a convenção do partido, realizada no restaurante do Corinthians, foi marcada por uma disputa entre os grupos a favor e contra Silvio. O apresentador saiu vitorioso, mas os derrotados argumentaram que houve ilegalidades no processo. O caso foi parar no TSE, que anulou a convenção. Já superado o prazo legal para realizar outra, o PFL ficou sem candidato na disputa.[7]

Essas quatro tentativas frustradas em cinco anos permanecem como um mistério na biografia de Silvio Santos. Ele jamais explicou claramente o que o motivou a agir com tanto desatino, expondo-se a inúmeras situações constrangedoras, posando ao lado de políticos de reputação duvidosa e dando a impressão de que queria o poder pelo poder. Mario Sergio Conti me disse que fez esse questionamento ao empresário várias vezes, em entrevistas ou em contatos informais. O jornalista ouviu as mais variadas explicações e se fixou em três: "A vaidade o levou a querer ter todos os brasileiros como audiência; teve uma inspiração de ordem mística; esteve momentaneamente louco". Aceitando as três, é possível sugerir que Silvio Santos antecipou Donald Trump em três décadas, com a diferença de que não se elegeu.

Em todo caso, qualquer que tenha sido o balanço feito, o empresário entendeu que deveria desistir da ideia de disputar

---

[7] A eleição foi vencida, nos dois turnos, por Paulo Maluf (PDS). Eduardo Suplicy (PT) ficou em segundo lugar.

eleições. Em março de 1996, uma pequena notícia na *Folha da Tarde* relatava um novo convite da direção nacional do PFL (leia-se "de Marcondes Gadelha") para ser candidato a prefeito de São Paulo. "Ele me disse que não há hipótese de sair candidato", disse Arlindo Silva ao repórter Ariel Kostman. "Ele [Marcondes Gadelha] tentou convencer o Silvio, mas ele não quis nem conversa", confirmou o jornalista João Leite Neto, que era pré-candidato do PFL. "Conversei com ele [Silvio] há quinze dias. Ele me disse que precisa cuidar dos negócios", informou Afanasio Jazadji, também pré-candidato do partido.[8] O "não" foi aparentemente bem enfático. Foi a última vez que alguém convidou Silvio Santos para disputar uma eleição.

### Pedindo dinheiro ao presidente

Ao longo de sua trajetória como empresário de comunicação, Silvio Santos sempre se mostrou simpático, quando não servil, a quem estava no poder. O dono do SBT nunca teve problemas com nenhum presidente. Ao contrário, sempre foi admirado e querido. Trato dessa questão em detalhes mais adiante, ao discutir a forma como ele sempre enxergou o jornalismo. Apenas gostaria de registrar duas passagens curiosas de Silvio com Lula, que se cruzam, a despeito da distância de 21 anos.

A primeira ocorreu em 29 de outubro de 1989. Apesar do seu envolvimento pessoal na campanha presidencial, Silvio recebeu no programa, no quadro "Show de Calouros", em domingos diferentes, os três candidatos mais bem posicionados nas pesquisas. Como registra Arlindo Silva, as visitas de Collor

---

[8] O PFL acabou se coligando com o PPB e indicou o candidato a vice-prefeito, Régis de Oliveira, na chapa de Celso Pitta, apontado pelo então prefeito Paulo Maluf, que venceu a eleição com facilidade. Luiza Erundina (PT) ficou em segundo lugar.

e Brizola ocorreram sem maiores problemas e também sem grandes emoções. O terceiro convidado foi Lula. A certa altura, alguém da plateia perguntou se o candidato do PT concordava com a atitude da então prefeita de São Paulo, Luiza Erundina, que estava tolerando a presença de camelôs no centro da cidade. Arguto, Lula respondeu: "Se no tempo do Silvio Santos a polícia perseguisse os camelôs, ele jamais seria o que é hoje". Segundo Arlindo, Silvio Santos se emocionou com a resposta e chorou.

A outra história remonta ao segundo mandato de Lula como presidente. No dia 22 de setembro de 2010, ele recebeu Silvio Santos no Planalto. O dono do SBT não ia ao local desde o governo Itamar Franco (1992-1995). A visita a Lula não estava prevista na agenda oficial do presidente e causou enorme alvoroço. Silvio deu autógrafos e posou para fotos na entrada e na saída. Aos jornalistas que o cercaram, o dono do SBT contou que o objetivo do encontro foi convidar Lula para apresentar a abertura do Teleton,[9] que ocorreria nos dias 5 e 6 de novembro daquele ano, e pedir uma doação de 12 mil reais – um valor simbólico, referente aos doze anos que a ação beneficente completaria naquele ano. "Minha visita não é uma visita ao presidente, é uma visita ao Lula", disse Silvio, segundo registrou a *Folha*. O dono do SBT contou, ainda, que mostrou a Lula o vídeo com a participação do então candidato, em 1989, no "Show de Calouros".

Duas semanas depois desse encontro, tornou-se público o rombo bilionário no banco Panamericano, de Silvio Santos. No ano anterior, a Caixa Econômica Federal havia adquirido 35% do capital do banco. O anúncio, em 9 de novembro, foi feito depois que o governo e o sistema bancário encontraram

---

[9] Maratona televisiva beneficente em prol da Associação de Assistência à Criança Deficiente.

uma solução para o rombo – o Fundo Garantidor de Crédito (FGC) assegurou um aporte no valor de 4,3 bilhões de reais para evitar a quebra. Toda a diretoria do Panamericano foi demitida, incluindo o presidente, Rafael Palladino, primo da mulher de Silvio Santos. No dia 18 de novembro, Luiz Sandoval, presidente do grupo Silvio Santos, pediu demissão. Sandoval, na qualidade de ex-presidente do conselho de administração do banco, foi condenado a seis anos e seis meses em regime inicial semiaberto.

Ao longo de todo o processo de apuração das fraudes no Panamericano, uma questão restou sem solução: Silvio Santos e Lula trataram do assunto naquela visita duas semanas antes do anúncio do rombo? Tanto o presidente quanto o dono do SBT sempre negaram isso. Em 11 de março de 2012, em entrevista à *Folha*, Sandoval desmentiu os dois. "O encontro de Silvio Santos com Lula tinha a ver com isso?", perguntaram os repórteres Flavio Ferreira, Julio Wiziack e Toni Sciarretta. "A conversa de que o Silvio tinha ido até lá para pedir uma participação dele no Teleton foi um discurso para a imprensa. Ele foi lá pedir a ajuda do presidente", respondeu o ex-presidente do Grupo Silvio Santos. "Funcionou?", quiseram saber os jornalistas. "Quando cheguei lá [no FGC], tive a sensação de que o acordo já estava pronto. Só negociei as condições."

## 4.
# Entre Roberto Marinho e Edir Macedo

A relação entre Silvio Santos e Roberto Marinho, bem como a do dono do SBT com Edir Macedo, é recheada de episódios curiosos, alguns lendários, outros pouco conhecidos ou mal contados. Cliente da Globo e, posteriormente, concorrente, Silvio sempre demonstrou respeito pelo principal empresário do ramo no país, mas não parece ter o mesmo sentimento pelos seus herdeiros. Já com o dono da Record, a relação é mais recente e inclui um elemento até então pouco comum nos negócios de comunicação: a religião.

Alugando horários da TV Paulista desde 1960, Silvio Santos se tornou cliente da Globo em 1965, quando Roberto Marinho adquiriu o canal da Organização Victor Costa. Os relatos de executivos da emissora dão conta de que a Globo encontrou "terra arrasada" ao chegar a São Paulo. A TV Paulista estava nas cordas, desorganizada do ponto de vista administrativo e sem maiores atrações para mostrar na TV. Silvio Santos era a única exceção. O seu programa aos domingos era líder de audiência e, no fim da década, ocupava oito horas da grade da emissora aos domingos.

A publicação de *O livro do Boni*, em 2011, chamou a atenção, entre outros motivos, por causa de um trecho de apenas cinco linhas em que o ex-chefão da Globo relata um aspecto pouco divulgado da relação com Silvio Santos. Descrevendo a substituição do diretor comercial da TV Paulista, no fim dos anos 1960, Boni escreve:

No lugar dele [Roberto Montoro], quem assumiu a direção regional foi o Luiz Eduardo Borgerth, advogado formado na Universidade de Columbia e um companheiro maravilhoso. Demitiu um bando de gente, pegou dinheiro emprestado com o Silvio Santos, sem que o dr. Roberto soubesse, e passou a pagar em dia a folha de funcionários e a liquidar dívidas com fornecedores.

Esse relato sem maiores detalhes causou sensação na época do lançamento do livro, mas o próprio Borgerth (1933-2007) já havia contado essa história de forma mais clara em suas memórias, publicadas em 2003. *Quem e como fizemos a TV Globo* é um livro pouco convencional, muito debochado, no qual o executivo mistura reminiscências pessoais com observações críticas sobre a situação da televisão no Brasil desde os anos 1960. É uma fonte importante pelo fato de o autor ter trabalhado na Globo por 33 anos. Borgerth não foi muito bem-sucedido em sua primeira função, no comando da emissora em São Paulo, mas representou a Globo em questões institucionais relativas à legislação de comunicação e foi vice-presidente da Associação Brasileira de Emissoras de Rádio e Televisão (Abert).

A primeira observação que faz sobre Silvio Santos é a seguinte:

> Quando assumimos São Paulo, SS [Silvio Santos] era o sustentáculo da rádio Nacional, em audiência e como anunciante; era locatário das tardes de domingo; maior audiência da TV Paulista e da rádio Nacional de São Paulo; maior audiência da televisão de São Paulo nas tardes de domingo. Quando não tínhamos a quem recorrer, Silvio adiantava os aluguéis e antecipava pagamento de publicidade.

Em uma outra menção sobre o mesmo assunto, o executivo acrescenta um detalhe a essa narrativa: "Nos momentos mais dramáticos, Silvio Santos iria adiantar aluguel e publicidade – mediante descontos, é claro".

A importância de Silvio Santos nos primórdios da Globo pode ser medida por outra observação do executivo, na qual ele descreve o fascínio que o apresentador já exercia no fim dos anos 1960. Enumerando os muitos personagens com quem teve relações profissionais, Borgerth cita "os oficiais dos cartórios que seguraram, por mera simpatia pelo canal 'do Silvio Santos', os títulos para aponte e protesto". E também menciona "os diversos fiscais dos mais variados impostos e atividades que faziam vista grossa desde que avistassem o Silvio Santos de perto".

Mas quem vai dar mais detalhes dessa relação inicial com Silvio Santos é Joe Wallach. Nascido em Nova York, em 1923, com formação em contabilidade, foi enviado ao Rio de Janeiro em agosto de 1965 para representar o grupo Time-Life junto à Globo.[1] Em 2011, publicou *Meu capítulo na TV Globo*, no qual conta como desenvolveu uma relação de grande proximidade e intimidade com Roberto Marinho. Em pouco tempo, ainda falando português com dificuldades, trocou de lado: deixou de trabalhar para a empresa americana, conquistou a cidadania brasileira e se tornou alto funcionário da emissora carioca, na qual permaneceu até 1980.

Ao descrever o quadro que encontrou em São Paulo, em outubro de 1965, data de sua primeira visita à "filial" paulista, Wallach escreve:

---

[1] Sem poder ser sócio da Globo, por impedimento da legislação brasileira, o grupo americano firmou um acordo de parceria técnica com o canal. O caso foi um escândalo no Brasil, levando à criação de uma CPI no Congresso. Estima-se que a Time tenha transferido cerca de 5 milhões de dólares para a Globo num período de cinco anos. Em 1970, a parceria foi desfeita e, nos anos seguintes, a Globo quitou sua dívida com o grupo americano.

> A programação local era muito fraca, e os índices de audiência, minúsculos. A cobertura da cidade de São Paulo [refere-se à antena] era apenas parcial. O único programa que conseguia algum índice durava oito horas e ia ao ar aos domingos; ele era feito por Silvio Santos, durava normalmente do meio-dia às oito da noite, e Silvio não nos cobrava um tostão sequer.

Algo espantado, ainda acrescenta:

> Era ele quem produzia e dirigia o programa, além de ser sua principal atração. Vendia os comerciais, fazia bom dinheiro, e não tirávamos proveito algum. Existia um pequeno auditório no térreo do antigo prédio. Os assentos tinham a disposição de um teatro e Silvio providenciava o público presente. Além dos comerciais, ele possuía um negócio chamado Baú da Felicidade.

Em outro trecho, Wallach trata da questão que Borgerth e Boni abordaram em seus livros – a ajuda de Silvio Santos ao caixa da Globo:

> Silvio Santos era um fenômeno. De início, ele só usava a nossa estação em São Paulo para o seu Baú da Felicidade. Ele gozava de grande popularidade e atraía excelentes audiências. As contribuições adiantadas por semana pelas pessoas lhe proporcionavam capital para investimentos. Também possuía lojas onde a pessoa decidia o que comprar com os cem cruzeiros desembolsados; era opção sua e ninguém perdia dinheiro. [...] Daí a razão de Silvio Santos possuir recursos financeiros para nos emprestar. Não tínhamos dinheiro; ele sim. Silvio produzia, dirigia e era o apresentador do seu programa de oito horas que ia ao ar

semanalmente, um programa de baixos custos, comparados com as receitas de publicidade, que ele também embolsava. Durante os primeiros anos, proporcionou à TV Globo de São Paulo, que lutava para sobreviver, um show de grande audiência sem custos para nós.

A narrativa de Wallach prepara o terreno para explicar o passo seguinte nessa relação. A Globo queria ter participação nos lucros que Silvio obtinha. "Queríamos que ele fizesse no Rio o mesmo que fazia em São Paulo. Chegamos então a um acordo segundo o qual o programa seria o mesmo, mas nós ficaríamos com metade da receita da publicidade. E ele ganhou ainda mais dinheiro", conta ele antes de, pela primeira vez, mencionar o dono da Globo. "Constantemente negociava com Roberto Marinho sobre a repartição da receita. Silvio era um negociador duro, muito duro: raciocínio rápido, muito inteligente, empresário sagaz e controlador, mas sempre sorria, ou mesmo gargalhava de modo bastante peculiar."

Wallach também trata, sem meias palavras, dos empréstimos feitos por Silvio à Globo. Isso teria ocorrido em 1969, depois da troca de Roberto Montoro por Luiz Eduardo Borgerth no comando da emissora em São Paulo. "Borgerth telefonou-me para dizer que os empregados haviam entrado em greve. Completou informando que nossa operação em São Paulo seria interrompida em duas semanas caso não recebêssemos recursos financeiros." Em seu livro, Borgerth descreve uma cena surreal. Ele conta que os atores que gravavam a novela *A Cabana do Pai Tomás* o procuraram caracterizados:

> Tumultuando minha sala de espera, escravos negros americanos, egressos das plantações de algodão, chefiados pelo mais negro de todos, Sérgio Cardoso, também conhecido como Pai Tomás, avisam que vão deixar os campos,

abandonar as plantações e a crueldade dos senhores, a menos que recebam os atrasados.[2]

Segundo Wallach, Roberto Marinho recorreu aos banqueiros João Luiz Magalhães Lins (Banco Nacional) e Walter Moreira Salles (Unibanco) para manter a Globo de São Paulo operando. "A despeito do empréstimo de Moreira Salles, foi José Luiz quem nos salvou, além de pequeno empréstimo noutro banco brasileiro", escreve. Ao falar sobre a ajuda de Silvio Santos, porém, Wallach repete a informação de Borgerth e Boni, segundo a qual o dono da Globo nunca soube: "Chegamos até a pegar dinheiro emprestado de Silvio Santos, a 8% de juros ao mês, porém o dr. Roberto nunca soube disso. Borgerth tomou conhecimento".

Em entrevista para este livro, Boni acrescenta a informação de que o apresentador foi credor da emissora por "muitos anos":

> Nossa convivência com o Silvio sempre foi excelente. Ele sempre estava numa boa. Calmo, ponderado, elegante. Primeiro nos ajudou muito levando em seus programas de grande audiência os elencos de novelas que estavam apenas começando a fazer sucesso. Depois, como nosso faturamento na praça de São Paulo era, no início, muito baixo e o dele muito alto, tivemos que recorrer ao Silvio para pagar a folha de funcionários. Quem conseguiu isso com o Silvio foi o Luiz Eduardo Borgerth. E fomos pedindo e pagando a ele, por muitos anos, até a Globo decolar. Dr. Roberto nunca foi informado dessa operação.

---

[2] O comentário faz referência a um dos aspectos mais polêmicos da novela, que foi a caracterização de Sergio Cardoso (1925-1972), um homem branco, como negro, o chamado *blackface*.

Acho curioso que Borgerth, Boni e Wallach tenham tido a preocupação de registrar essa mesma informação sobre Marinho ignorar os empréstimos de Silvio. É plausível acreditar que executivos da emissora pediriam dinheiro emprestado a um cliente (Silvio) sem consultar o dono? Em todo caso, essa história pouco comentada, na qual Silvio se apresenta como credor e, em certa medida, "salvador" da Globo, é muito importante. Tenho a impressão de que o fato vai pautar a relação dele com Roberto Marinho ao longo dos anos. E também explica o misto de fascínio e irritação de Silvio com Boni em diferentes episódios.

Convém lembrar que, no fim de 1971, Silvio Santos tinha a impressão de que Walter Clark e Boni não tinham mais tanto interesse em que ele continuasse como dono dos domingos da Globo – fato confirmado por Boni. Quem decidiu renovar o contrato foi o próprio Roberto Marinho, como Silvio contou em várias entrevistas. A principal novidade nesse contrato foi a inclusão de uma cláusula que proibia o apresentador de ser dono de um canal de televisão. Em outubro de 1975, Silvio ganhou a concessão do que viria a ser a TVS, do Rio de Janeiro. E a inaugurou em maio de 1976. Revendo esse episódio onze anos depois, em outubro de 1987, Marcos Wilson e Luis Fernando Emediato, no *Estadão*, perguntaram a Silvio se ele pagou alguma multa a Roberto Marinho. "Chamou para cobrar, mas disse que sabia que eu não tinha dinheiro e não ia cobrar", respondeu. "Combinamos um prazo para eu sair da Globo e eu saí", acrescentou.

Vários eventos ocorridos no fim da década de 1980 puseram à prova a relação entre Silvio e Marinho (e Boni). Em 23 de outubro de 1987, depois de uma negociação que já era acompanhada pela imprensa, Silvio Santos interrompeu o telejornal *Noticentro* para informar a contratação de Jô Soares, astro da Globo desde 1970. Segundo a *Veja*, o SBT ofereceu o triplo do que o humorista ganhava e garantiu, além de um programa de humor, a realização de seu sonhado talk show. "Esperei anos e anos na Globo pela possibilidade de fazer esse programa, e nunca consegui", disse Jô à revista.

No fim daquele mesmo ano, numa espécie de contra-ataque, a Globo acertou a contratação de Gugu Liberato, que trabalhava com Silvio desde 1974. Boni negociou o contrato, oferecendo um programa dominical ao pupilo de Silvio Santos. Em entrevista ao talk show de Fabio Porchat, em agosto de 2017, Gugu se recordou do episódio da seguinte forma:

> De 1987 para 1988, apresentava o *Viva a Noite* aos sábados, ao vivo, dava 35 pontos de audiência. Eu era apresentador no SBT, mas não tinha contrato, o Boni me chamou e fizemos um contrato. Naquela época, os artistas não tinham contrato. Assinei com a Globo. Ela me prometeu um programa aos domingos e investiu para que eu aprendesse um pouco mais do formato. Fiz cursos na Alemanha e Estados Unidos. Foi um ano de investimentos. Fizeram o cenário, estava tudo pronto para estrear.

Surpreso com a manobra da Globo, o dono do SBT fez uma proposta milionária a Gugu e, pela primeira vez, deixou explícito que o considerava seu sucessor. "Na hora em que ouvi a proposta, levei um susto. Silvio estava me dando, além de inúmeras vantagens econômicas, a possibilidade de substituí-lo", disse Gugu à revista *Veja* em fevereiro de 1988. A Porchat, em 2017, Gugu contou que disse a Silvio que não tinha como romper um contrato já assinado. Ao que o empresário teria dito: "Se o problema é dizer 'não' pra Globo, eu vou com você e falo com o Roberto Marinho".

Na prática, porém, Silvio Santos queria resolver o distrato de Gugu com Boni, e não com o dono da Globo. Mas a reunião com o vice-presidente não foi nada boa – Boni disse que não poderia resolver o problema, transferindo a responsabilidade para Roberto Marinho. Em entrevista a Roldão Arruda, na *Folha*, publicada em 21 de fevereiro de 1988, Silvio descreve, sem meias palavras, o seu sentimento. Em resposta a uma pergunta sobre como foi o encontro com Boni, ele diz:

> O Boni é o melhor profissional da televisão, mas nunca vai ser dono porque não tem estrutura moral para isso. Não tem ética, é passional. Um homem passional tem obrigação de dominar a paixão com razão e a consciência. O Boni não domina a sua paixão. Por isso, nunca vai deixar de ser empregado do Roberto Marinho, do Adolfo Bloch, do João Saad, do Silvio Santos ou do Paulo Machado de Carvalho.

Roldão Arruda pergunta: "Mas como foi a conversa? Ele foi passional também aí?". E Silvio diz: "Ele comportou-se como um empregadinho, 'office boy' do Roberto Marinho, correndo atrás de mim pelos corredores, no elevador, pedindo que eu não fosse embora, que chamasse o dr. Roberto Marinho". Silvio, então, explica o motivo de sua irritação:

> Dizia [Boni] que o dr. Roberto Marinho nunca havia entrado na sala dele. Eu falei: "E não vai entrar hoje. Ele não me chamou. Eu vim aqui falar com você". Aí ele pediu ao dr. Roberto que me chamasse. Atendi ao convite e fui. Mas a minha conversa era com o Boni, que ganha 2,5 milhões de dólares por ano, mas nunca vai ser empresário se não mudar seu comportamento.

Roldão questiona, então, sobre a conversa com o dono da Globo:

> Quis falar com ele sobre a multa que eu pagaria pelo fato do Gugu romper o contrato, mas ele disse: "Esquece. Vamos

falar de pesca submarina. Temos bons advogados para resolver estes problemas". Ele gosta muito de pesca submarina. Ele que inventou o cinto que a gente usa para mergulhar. Eu o havia encontrado há onze anos [em 1977]. Achei que está muito melhor psicológica e fisicamente. Esqueci de perguntar qual a clínica que ele frequenta. Preciso ir lá.

O que os advogados das partes resolveram, não se sabe. Se Silvio Santos pagou multa e de qual valor, igualmente nunca foi revelado. Roberto Marinho concordou com o cancelamento do contrato, e Gugu Liberato voltou ao SBT, mas não deixou de pensar em fortalecer a programação dominical da sua emissora. O troco foi dado no ano seguinte, com a contratação de Fausto Silva, então na Bandeirantes. Em pouco tempo no comando dos domingos, a partir de março de 1989, Faustão roubou o primeiro lugar de audiência que era cativo de Silvio Santos.

Na entrevista em que falou da conversa sobre pesca submarina com Roberto Marinho, Silvio acaba revelando o outro assunto que perturbava a sua relação com a Globo: a proibição de veicular anúncios comerciais protagonizados por artistas do SBT na emissora de Roberto Marinho. "O dr. Roberto não sabia disso e afirmou que vai tomar providências", disse Silvio, protegendo o empresário.

No fim de abril de 1988, esse assunto ganharia uma nova dimensão com a publicação, por Jô Soares, de um artigo no *Jornal do Brasil*, afirmando que a proibição era uma ordem de Boni. Na entrega do Troféu Imprensa, em 1º de maio, Jô leu o texto no ar, no SBT. "Quem sair da emissora [Globo] sem ter sido mandado embora corre o risco de não poder mais trabalhar em comerciais sob a ameaça que estes lá não serão veiculados", leu Jô. Dizendo não falar em benefício próprio, mas em nome dos colegas, afirmou:

Escrevo, isso sim, porque atores que trabalham no meu programa, como Eliezer Mota, como Nina de Pádua, foram vetados em comerciais. As agências foram informadas, não oficialmente, é claro – como acontece em todas as listas negras –, que suas participações não seriam aceitas. É triste, nesse momento em que se escreve diariamente a democracia no Congresso, que uma empresa que é concessão do Estado cerceie, impunemente, o artista brasileiro, de um modo geral já tão mal remunerado.

Falando sobre sua última conversa com Boni, quando deixou a Globo, Jô relatou:

Que as chamadas do *Gordo ao Vivo* [espetáculo que apresentava então no Rio] não passariam na emissora eu já sabia desde outubro pelo próprio Boni, que me disse, em sua sala, quando fui me despedir: "Já mandei tirar todos os seus comerciais do ar. Chamadas do seu novo show no Scala 2 também esquece. Estou vendo como te proibir de usar a palavra "gordo". Claro que esta última ameaça ficou meio difícil de cumprir. A megalomania ainda não é lei fora da Globo. [...] Finalmente eu gostaria de dizer que Silvio Santos foi tremendamente injusto quando chamou Boni, numa entrevista, de "office boy de luxo". Nenhum office boy consegue guardar tanto rancor no coração.

Na sequência, Silvio tomou a palavra e mais uma vez poupou Roberto Marinho:

É uma pena, senhores telespectadores, que uma rede de televisão com este comportamento ainda seja a primeira colocada em audiência em todo o Brasil e uma das melhores emissoras de televisão do mundo. É uma pena que a Rede

Globo de televisão tenha este procedimento. É uma pena. Queira Deus que o dr. Roberto Marinho seja mais uma vez iluminado para que estas atitudes não sejam frequentes na Rede Globo de televisão.

Boni sempre evitou comentar esse episódio. Ainda que quase lacônico, ele mostrou que não se arrepende da atitude tomada: "Tenho imenso carinho pelo Jô e pelo Silvio. Mas com a saída inesperada do Jô, algumas providências eram necessárias para reduzir a visibilidade dele. Nada pessoal. Simplesmente estratégico. Deu certo", avalia.[3]

Alguns meses depois, ainda em 1988, Silvio voltou a tratar desse problema em seu programa. Dessa vez, citou o caso de Sérgio Chapelin. O apresentador de telejornais e do *Globo Repórter* aceitou trocar a Globo pelo SBT em 1983 porque sonhava em comandar programas de variedades. Ganhou o *Show Sem Limite*, mas ficou pouco tempo na emissora. No ano seguinte, retornou à antiga casa. Ainda que tenha ido para o SBT ganhando muito mais, Chapelin constatou que, no final das contas, tinha prejuízo porque não era mais chamado para fazer comerciais.

Boni assume a responsabilidade pela medida. "Essas decisões eram de minha exclusiva competência. Uma emissora não é obrigada a aceitar toda e qualquer publicidade. Pode filtrar. Quando tomava a decisão de bloquear qualquer anúncio por algum motivo, consultava sempre a área comercial. Dr. Roberto não se envolvia com isso", conta.[4]

Isentando Roberto Marinho mais uma vez, Silvio discursou:

> Dr. Roberto, será que o senhor não vai convencer os seus diretores? A sua esposa, que está lhe vendo, os seus filhos, que vão tomar conta da Rede Globo? O senhor é um homem

[3] Entrevista ao autor.   [4] Entrevista ao autor.

polido, que não precisa de mais nada. Precisa estar em paz com Deus, para que Deus o receba logo, logo em seus braços. Será que o senhor não vai convencer os seus diretores a deixar qualquer artista fazer comerciais na Globo, quando o artista quer sair e recebe uma oferta da Bandeirantes, da Manchete, da Record, do SBT?

Dizendo que Roberto Marinho estava "mais para a eternidade do que para a vida", o dono do SBT acrescentou: "A nossa luta é pela sobrevivência. O senhor não precisa mais de dinheiro, tenho certeza, eu também não. Mas os nossos funcionários precisam do dinheiro". Só na década seguinte é que comerciais protagonizados por Jô Soares voltaram a ser exibidos na Globo. A "liberação" se estendeu a outros artistas de todas as emissoras.

## A eleição de 1989

O ponto mais tenso nas relações entre Silvio Santos e Roberto Marinho se deu em 1989, a partir do instante em que o dono do SBT aceitou o convite do PFL para disputar as eleições presidenciais.

A candidatura de Fernando Collor a presidente foi abraçada por Marinho no fim de julho de 1989. A pregação moralista contra os "marajás" e o discurso ultraliberal em defesa da privatização pesaram a favor do candidato na disputa com o tucano Mário Covas pelo apoio do dono da Globo. "Vou influir o máximo a favor dele", disse em uma entrevista a Neri Vitor Eich, na *Folha*, observando que julgou o candidato do PRN "mais assentado, mais ponderado e mais equilibrado com as suas boas ideias privatistas".[5]

5 "Roberto Marinho torna explícito apoio a Collor", *Folha*, 27 de julho de 1989.

No dia seguinte, comentando o apoio recebido de Roberto Marinho, Collor disse que trabalharia para conseguir suporte semelhante de todos os proprietários de redes de televisão. E citou, em especial, o dono do SBT: "Como eu disse ao Silvio Santos, eu espero contar firmemente com o apoio do Silvio, embora nenhum sinal me tenha sido dado, e também do dr. Roberto Marinho".[6] O jornalista Mario Sergio Conti diz que Marinho inicialmente buscava um nome capaz de derrotar Lula e Brizola, mas logo passou a gostar de Collor e enxergar no candidato o representante de um projeto moderno. O apoio da emissora foi total, como se sabe.

Por tudo isso, a decisão de Silvio Santos, tomada em 19 de outubro, de aceitar disputar a presidência pelo PFL deixou Roberto Marinho furioso. Não só ele, naturalmente. Todos os principais veículos de imprensa reprovaram e criticaram a atitude do dono do SBT. Mas a reação do dono da Globo foi "iracunda", nas palavras de Conti.[7] "Silvio representava uma aventura em oposição ao projeto de modernidade que Marinho enxergava em Collor", diz o jornalista.

Abertamente, por meio de *O Globo*, o empresário dedicou um volume extraordinário de páginas com "reportagens, caricaturas, opiniões negativas de juristas e editoriais esculhambando o apresentador".[8] Nos bastidores, Marinho e Antonio Carlos Magalhães, então ministro das Comunicações, trataram de expor o que consideraram uma articulação do presidente José Sarney contra a candidatura de Collor. O dono da Globo, diz Conti, aconselhou o próprio candidato a expor essa suposta ligação. E Collor fez como Marinho pediu, indo à TV denunciar uma "negociata" entre Silvio e Sarney e chamando

---

[6] "Candidato tenta atrair TVs", *Folha*, 28 de julho de 1989.  [7] Entrevista ao autor.  [8] *Notícias do Planalto*.

o presidente de "político de segunda", "desonesto" e "incompetente", entre outros desaforos.[9]

O jornalista Josias de Souza, que conversou muito com Antonio Carlos Magalhães, diz que o então ministro, "ph.D. nas mumunhas do poder", desenvolveu "uma tese monetária" para tentar explicar o insucesso da principal incursão de Silvio Santos pelo pântano da política:

> Numa conversa comigo, ACM vaticinou o naufrágio da candidatura presidencial de Silvio Santos no alvorecer do projeto. Reconhecia que o personagem possuía duas qualidades de candidato: "Fala o português das ruas e esbanja popularidade". Mas previa que a coisa toda desandaria no momento em que Silvio percebesse que, antes de suas virtudes, os políticos enxergavam o seu Baú da Felicidade. Viam nele uma espécie de caixa registradora capaz de financiar-lhes as campanhas.[10]

Ainda segundo Josias, na visão de ACM, "Silvio nunca suportou ser tratado como um 'sub-Roberto Marinho'. E, embora não dispusesse de um 'itinerário', ambicionava o Planalto porque queria desfrutar da sensação de 'controlar o volante' do país – desde que não precisasse 'rasgar dinheiro'".

---

[9] Segundo Rosane Malta, a preocupação de Collor com uma eventual candidatura Silvio Santos se estendeu a outros terrenos. Em depoimento ao programa *Balanço Geral*, da Record, em 2015, ela afirmou que o então marido recorreu aos serviços de uma mãe de santo para evitar que o dono do SBT disputasse a eleição. "Foi pedido um trabalho e aconteceu de ele [Silvio Santos] não ser candidato a presidente da República. A Cecília, ela fazia trabalho para todos [os adversários]. O objetivo era chegar à presidência da República", revelou Rosane. "No começo era só matança de galinhas, coisas pequenas. Mas depois a gente começou a ir a um sítio, em Arapiraca, longe de Maceió, para ninguém ver. E era com animais mais pesados. E eu sempre passava muito mal", acrescentou.   [10] Entrevista ao autor.

Foram apenas 23 dias (entre 18 de outubro e 9 de novembro de 1989), mas quem consulta os jornais e revistas da época tem a impressão de que a candidatura Silvio Santos durou muito mais – tamanho o gasto de papel e a intensidade dos títulos dedicados ao assunto. Não encontrei, em momento algum, nenhuma reclamação específica do dono do SBT contra Roberto Marinho. Silvio Santos enxergou "preconceito" contra ele, como disse à *Veja*,[11] mas não se dirigiu diretamente ao dono da Globo. Mario Sergio Conti, que conversava com ambos, garante que o episódio não envenenou as relações entre os dois empresários. "Continuaram amigos", diz.

Aproximação com o dono da Record

Ao longo de 1998, Silvio Santos assumiu o comando de áreas antes delegadas a executivos e fez uma série de mudanças na programação e na direção do SBT. O assunto será tratado em detalhes no último capítulo (SBT significa "Silvio Brincando de Televisão"), mas interessa aqui falar de um dos episódios rumorosos dessa fase da emissora: a contratação de Ratinho. Numa mesma semana de agosto de 1998, o SBT viu dois dos diretores mais próximos a Silvio, Luciano Callegari e Guilherme Stoliar, deixarem a empresa, enquanto Ratinho era anunciado como a nova atração da casa. A Record, que

---

[11] Repito um trecho dessa entrevista citado no capítulo anterior: "Se o lenhador Abraham Lincoln foi presidente dos Estados Unidos e o ator Ronald Reagan também – e por dois mandatos –, um camelô que virou artista e empresário pode ser presidente do Brasil. Se existem empresários, pessoas de formação universitária e homens de projeção nacional alimentando este tipo de preconceitos contra mim, eles não deveriam estar nas importantes posições que ocupam".

perdeu o seu apresentador, tornou público o valor da multa rescisória devida por Silvio Santos – 43 milhões de reais.

Furiosa, a emissora de Edir Macedo colocou no ar uma mensagem criticando Ratinho por anunciar sua ida ao SBT "sem qualquer alusão à abrupta e imotivada rescisão de contrato, muito menos aos princípios éticos consagrados pelo código de ética de radiodifusão, pelo qual se impõe a necessidade do atestado liberatório da Record". A nota também informa a intenção de ir à Justiça cobrar a multa rescisória. E acerta uma bordoada no dono do SBT: "Aliás, o sr. Silvio Santos, que tanto apregoa honestidade e obediência aos princípios da justiça, neste episódio, não deu o ar de sua anunciada responsabilidade como empresário".[12]

Era muito dinheiro, o equivalente a 144 milhões de reais em valores de 2018. Silvio procurou Edir Macedo para negociar o montante. O tête-à-tête poderia ser anunciado como: "O hábil negociador diante do líder de uma Igreja em franco crescimento". Ou ainda: "O campeão da vice-liderança versus o homem que ambiciona tomar o primeiro lugar da Globo". Reza a lenda que o dono do SBT se dirigiu, sozinho, a um culto da Igreja Universal conduzido por Macedo e se sentou na última fila. Após a cerimônia, então, teriam conversado e chegado a um acordo. Não se conhecem detalhes desse encontro, nem qual foi o valor do cheque deixado pelo dono do SBT, mas sabe-se que foi uma conversa dura. O fato é que Silvio e Macedo ficaram dezoito anos sem se encontrar pessoalmente depois dessa reunião.

Nesse período, Silvio manteve uma atitude ambivalente em relação a Macedo, fazendo uma distinção muito clara entre o dono do canal de TV concorrente e o líder da Igreja Universal. Sobre o primeiro, nunca dedicou palavras simpáticas.

---

[12] Mensagem veiculada em 27 de agosto de 1998, disponível no YouTube.

Ao contrário. Já sobre o segundo, foi se revelando um grande admirador.

Em maio de 2000, falando a Ricardo Valladares, o dono do SBT surpreendeu os leitores da *Veja* com elogios rasgados ao trabalho evangelizador do concorrente: "Sou fã também do bispo Edir Macedo, embora não seja adepto da religião dele. Ele tira as pessoas das drogas, da bebida, faz com que as classes menos favorecidas tenham confiança no futuro". O raciocínio que vem a seguir na entrevista é "puro Silvio":

> Na verdade, se não fosse animador, [eu] gostaria de ser pastor. Mas, na minha igreja, eu só ia falar do Velho Testamento. Está tudo lá. Quanto a Jesus... ele pode ter sido lá o filho de Deus. Mas eu acho que ele era mais um cara brilhante, um sujeito que hoje seria o Lula, o Jânio Quadros, o Collor. Acho que ele era antes de tudo um político.

O elogio público de Silvio a Macedo representou um contraponto importante em relação à Globo, que mantinha uma atitude de hostilidade dirigida ao dono da Record desde a compra da emissora, em 1989. Em dezembro de 1995, o *Jornal Nacional* divulgou um vídeo em que Macedo aparece ensinando outros bispos da Universal a captarem doações para a Igreja. Em setembro daquele mesmo ano, a Globo havia lançado a minissérie *Decadência*, de Dias Gomes, que conta a história de Mariel (Edson Celulari), um homem de origem humilde que, a certa altura, funda o Templo da Divina Chama e se torna milionário.

Em fevereiro de 2014, Silvio voltaria a elogiar o pastor Edir Macedo. Questionado pelo repórter João Batista Jr., da *Veja São Paulo*, se eram amigos, disse que não, mas observou: "Acho que o Edir fez uma bela obra. Ele ajudou mesmo, tirou muita gente do álcool e das drogas. Pode ter defeitos, mas as qualidades dele são mais importantes".

Em 2007, a Record superou o SBT pela primeira vez no ranking de audiência e passou a ser a segunda maior emissora do país. Em dezembro de 2010, na comemoração dos oitenta anos de Silvio Santos, a emissora de Edir Macedo dedicou 45 minutos de sua programação dominical para homenagear o concorrente. Apresentada por Marcelo Rezende, dentro do programa *Domingo Espetacular*, a reportagem especial reencenou, com a ajuda de um ator, passagens da infância do apresentador, em particular sua experiência como camelô no centro do Rio de Janeiro.

A quebra do banco Panamericano, ocorrida um mês antes, é mencionada no início e no final da reportagem, mas tratada como um fato menor na trajetória de Silvio. "O que é um banco para quem tem um império?", perguntou Rezende na abertura. Sérgio Mallandro contou que havia encontrado Silvio Santos pouco tempo antes e dito a ele que estava desempregado, precisando de dinheiro, ao que o seu ex-patrão teria respondido que também estava na "penúria". Com extensa folha corrida em programas policiais e sensacionalistas, Wagner Montes deu um depoimento sobre a ajuda que recebeu de Silvio Santos quando perdeu uma perna num acidente automobilístico. Chorou ao falar do ex-patrão. Não foi o único. Até a ex-cunhada, casada com o irmão da primeira mulher de Silvio, chorou ao falar dele.

Na época, anotei que a homenagem ao concorrente, em alguns momentos, adotou um tom mais próximo de um necrológio do que de uma comemoração. "Silvio Santos sempre esteve, e sempre estará, no coração de milhões de brasileiros", disse Marcelo Rezende ao encerrar o programa. Em tempo: a Record ficou em primeiro lugar no Ibope, à frente da Globo e do SBT, durante a exibição da reportagem sobre Silvio Santos.

Cerca de oito meses depois, em agosto de 2011, Silvio Santos se deixou sabatinar por funcionários do SBT no Hotel

Jequitimar, no Guarujá, por ocasião dos trinta anos da emissora. Bem à vontade, de chinelos, short rosa e camisa florida, o empresário reafirmou que a ambição da emissora naquela ocasião era recuperar a vice-liderança perdida. E ironizou o projeto da Record, expresso no slogan "A caminho da liderança":

> Nós de televisão estamos vendo que, por mais que a Record queira se aproximar da Globo, em todos esses anos ela não passou de 11 pontos e ultimamente ela tem caído para 10, 9, 8 pontos. O que significa que o público, dificilmente, vai deixar a Globo. A Globo é um muro. E ultrapassar esse muro a gente só consegue de vez em quando. É claro que se você tem um jogo de futebol entre Corinthians e São Paulo na Bandeirantes, isso pode dar 30, 40 pontos, mas no dia seguinte as pessoas voltam para a Globo. A gente já sabe que lutar contra a Globo, na minha opinião, é impossível.

### Silvio e os herdeiros da Globo

Roberto Marinho morreu em 2003, aos 99 anos. Silvio Santos enviou uma coroa de flores, mas não compareceu à cerimônia fúnebre. O empresário já não mantinha contato com ele havia alguns anos. E fez questão de mostrar, em algumas situações, que a sua relação com os herdeiros não se parece em nada com a que manteve, por anos, com o fundador.

De todos os gestos e sinais enviados por Silvio Santos à Globo dos filhos de Roberto Marinho, nenhum foi mais afrontoso do que o *Conexão Repórter* dedicado à vida de Edir Macedo. Nem tanto pelo tema, mas pela data de exibição. O programa apresentado por Roberto Cabrini foi ao ar em 26 de abril de 2015, exatamente no dia em que a Rede Globo comemorava cinquenta anos. Como relatou Ricardo Feltrin no UOL, Silvio se envolveu diretamente na produção do programa e mandou eliminar várias perguntas feitas por Cabrini ao bispo, inclusive uma que considerou indelicada. Nessa pergunta, Cabrini queria saber do bispo o que ele achava de lavagem de dinheiro.[13]

Em março de 2018, Silvio recebeu Sérgio Chapelin, apresentador do *Globo Repórter*, no Troféu Imprensa. Eles tiveram o seguinte diálogo:

> Silvio: Você tá com quantos anos agora?
> Sérgio Chapelin: 76.
> Silvio: Tá mais velho do que eu, companheiro.
> Chapelin: Estou na Globo há 45 anos
> Silvio: Quem está dirigindo a Globo? São os filhos do Roberto Marinho ou o Carlos...
> Chapelin: Schroder.[14]
> Silvio: Schroder... Não conheço ele. É ele que agora dirige a Globo? Os filhos do Roberto não querem nada?

Enquanto dava sinais de esfriamento na relação com a Globo, Silvio estimulava boatos sobre um pacto com a Record. O ápice desse burburinho ocorreu em agosto de 2015, quando o dono do SBT, acompanhado da mulher, Iris, visitou o Templo de Salomão, em São Paulo, cicerroneado por Edir Macedo e sua mulher, Ester. Foi a primeira vez que se encontraram desde a reunião para tratar da rescisão do contrato de Ratinho, em 1998. "Fui pagar uma nota que fiquei devendo pra ele", contou Silvio durante o passeio pela faraônica construção, naturalmente registrado e exibido pela Record.

---

13 "Silvio Santos corta perguntas em entrevista do bispo Macedo", UOL, 25 de abril de 2015. 14 Referência a Carlos Henrique Schroder, diretor-geral da Globo desde 2013.

Apresentado pela repórter Adriana Araujo como "um encontro de amigos", o "tour" de Silvio Santos pelo Templo de Salomão na companhia de Edir Macedo mostrou, mais uma vez, a admiração do dono do SBT pelo líder da Igreja Universal. Mas não pela Record. Ao abrir a reportagem, Adriana disse: "O apresentador de milhões de fãs recebido pelo bispo de milhões de fiéis. Como nunca vistos antes. O que eles têm a dizer um para o outro? E por que decidiram se encontrar?". Ou seja, a própria repórter frisou se tratar do encontro entre o dono de uma emissora de televisão com o líder de uma Igreja.

Todas as referências de Macedo a Silvio foram de cunho religioso. Uma delas até um pouco agressiva: "Silvio, você não foi um sortudo. Você é fruto da promessa que Deus fez a Abraão. Eu vou abençoar aqueles que te abençoam. E vou amaldiçoar os que te amaldiçoam". A reportagem não mostrou o que Silvio respondeu. Silvio, por sua parte, elogiou a igreja e o trabalho do bispo várias vezes: "Ser contra isso é um disparate", observou. "Foi uma iluminação de Deus", disse o dono do SBT sobre a ideia de construir o Templo de Salomão. Macedo respondeu, a certa altura: "Eu sou a prova viva de que Deus existe". Daquele seu jeitão, Silvio apenas disse: "Okay".

Em dois breves momentos da reportagem de 35 minutos que documentou a visita, Silvio tomou a iniciativa de se dirigir a Macedo como dono da Record. Na primeira vez, disse: "Todos deveríamos nos unir para que nós pudéssemos alcançar melhores resultados. Seria muito melhor do que um ficar se digladiando com o outro. Besteira isso". Essa fala de Silvio foi a que mais repercutiu nos dias seguintes ao encontro. Macedo apenas respondeu: "Ah, sim. Ah, sim".

Na segunda vez, depois de Adriana Araujo insistir na ideia de que aquele era "um encontro de amigos", Silvio esclareceu: "Está no mesmo ramo que eu e nós estamos tendo as alegrias e as tristezas que o ramo oferece. Nós devemos puxar o barco juntos. E não cada um ficar puxando numa corda". Macedo respondeu: "Ele tá certo. É isso mesmo".

No domingo em que foi ao ar esse encontro entre os dois, segundo dados prévios do Ibope, a Record registrou 17 pontos de média, contra 18 da Globo, que exibia o *Fantástico*, e 8 do SBT, que apresentava o... *Programa Silvio Santos*.

Quando Silvio aceitou o convite de Macedo e se deixou filmar visitando o Templo de Salomão, SBT e Record já ensaiavam a criação de uma joint-venture com um objetivo muito específico. Associadas, também, à RedeTV!, as emissoras ambicionavam, já em 2014, receber royalties pela cessão dos sinais de seus canais às operadoras de TV paga. Em maio de 2016, o Conselho Administrativo de Defesa Econômica aprovou a criação da empresa, inicialmente chamada de Newco e, posteriormente, de Simba Content.

A legislação estabelecia que as operadoras eram obrigadas a carregar os sinais analógicos de todos os canais de TV aberta, mas nada dizia quanto aos sinais digitais. O desligamento do sinal analógico em São Paulo, em 29 de março de 2017, marcou a ruptura dos três canais que formavam a Simba com as principais operadoras do setor. A negociação durou cinco meses. Entre o fim de agosto e início de setembro, pressionados por perda de audiência e queda de receita publicitária, os três canais aceitaram receber cerca de um real por assinante das operadoras, um valor bem inferior ao pedido inicialmente, na casa dos quinze reais.

Esse histórico indica que, apesar de algumas trocas de farpas, Silvio Santos permanece em uma posição peculiar, como um concorrente aceitável pelos dois rivais, que não se bicam de jeito nenhum. Se SBT, Globo e Record fossem países, e se Silvio tivesse a ambição de seu antepassado mais famoso, Isaac Abravanel, ele poderia se habilitar a negociar um pacto de convivência entre a família Marinho e Macedo.

## Adendo: o contrato de Boni com o SBT

Em suas memórias publicadas em 2011, Joe Wallach conta: "Silvio vivia repetindo: 'Joe, por que você não vem trabalhar comigo?'. Ele também tentou contratar o Boni. Fez diversas ofertas ao longo do tempo, porém, ainda como hoje, dirigia tudo com mão de ferro".

Boni havia deixado a Globo em 1998, mas permaneceu preso, por quatro anos, a um contrato que o manteve na função de "consultor estratégico". "Passei 31 anos na operação da Globo e, depois, mais quatro como consultor, sem ser consultado para nada", escreveu em O *livro do Boni*. Segundo Flávio Ricco e José Armando Vannucci, ele recebeu 1 milhão de dólares por mês nesse período de ócio.

Em 2001, Luiz Eduardo Borgerth, então trabalhando como consultor do SBT, informou à direção da emissora que o contrato de seu amigo Boni com a Globo estava perto do fim. O então vice-presidente José Roberto Maluf sondou o ex-executivo da Globo e percebeu interesse dele em trabalhar com Silvio Santos.

Maluf propôs a Boni salário zero e remuneração sobre o faturamento do SBT. O executivo teria a responsabilidade de cuidar da programação da emissora de segunda a sábado, mas nenhuma ingerência sobre o domingo, comandado pelo Patrão. Um contrato chegou a ser assinado e contou com a assinatura de Silvio Santos como testemunha. Mas, na mesma noite em que assinou, o dono do SBT teria se arrependido.

"Há várias versões para esta história", diz Boni,[15] e continua:

> A verdadeira e única é que assinei com o Silvio. Ele não poderia mexer na programação sem me consultar e eu teria

---

[15] Entrevista ao autor.

50% de participação nos lucros que excedessem o lucro dele naquele momento. Ele se arrependeu e pediu para fazermos um distrato. Eu jamais poderia contrariar o Silvio e nunca exigiria o cumprimento do contrato assinado. Não daria certo. Em respeito ao Silvio fiz o distrato com muito prazer. Melhor do que brigar depois.

Em suas memórias, Boni ignora esse episódio e dá um depoimento curioso sobre Silvio Santos:

> Está na cabeça de todos nós que o Silvio Santos, o maior comunicador de todos os tempos, foi também o maior garoto-propaganda da história da televisão. Ele vendeu de tudo: carnês do baú, mega-sena [sic], aplicações no seu banco, cosméticos e até os filmes e programas que exibia. Quando não o fez pessoalmente, usou a sua rede de televisão para fazê-lo, e o SBT praticamente foi sustentado pelos negócios do patrão.

# 5.
# "Sou um office boy de luxo do governo"

No fim de maio de 1975, meses antes de ganhar a concessão do seu primeiro canal de TV, Silvio Santos disse à revista *Veja* que a sua televisão "seria a que o povo e o governo gostariam de ter no momento". Sobre o povo não me arrisco a dizer, mas é fácil apontar ao menos uma expectativa que o regime militar tinha naqueles dias – e Silvio a conhecia, ou intuía, muito bem.

No ar a partir de 14 de maio de 1976, a TVS ofereceu basicamente entretenimento popular. Capitaneada pelo *Programa Silvio Santos* aos domingos, a grade do canal 11 também contou, nos primeiros anos, com Flávio Cavalcanti (*Um Instante, Maestro!*), Nelson Rubens (*Fofocas com Nelson Rubens* e *TV Gente*), Jacinto Figueira Junior (*O Homem do Sapato Branco*), Wilton Franco (*O Povo na TV*) e Carlos Imperial (*Programa Carlos Imperial*). Teve ainda o humor de Ronald Golias (*Bacará 76* e *Folias de Golias*), a novela *O Espantalho*, de Ivani Ribeiro, e o infantil *Bozo*, entre outros.

A primeira metade da década de 1970 havia sido a época de ouro da televisão popular no Brasil. A apresentação, numa mesma noite de 1971, na *Buzina do Chacrinha* (Globo) e no *Programa Flávio Cavalcanti* (Tupi), de uma mãe de santo que dizia incorporar um exu levou à assinatura de um "protocolo de conduta" entre as emissoras visando atenuar a "baixaria" na TV.[1] Não adiantou muito, e Silvio, ao começar a TVS, reuniu a nata

[1] *História da televisão no Brasil*.

dos apresentadores que prometiam mostrar o povo na televisão. Jacinto Figueira Junior, sempre de sapato branco, encenava conflitos entre pessoas comuns, que geralmente resultavam em discussões feias e troca de sopapos, além de reproduzir o noticiário policial mais pesado. "Um programa feito para resolver os problemas do povo, um programa humano, romântico, civilizado, emocionante, honesto e, acima de tudo, verdadeiro", anunciava na abertura, antes de exibir as imagens que contrariavam todos esses adjetivos. Wilton Franco, com o seu *O Povo na TV*, batia na mesma tecla – casos "reais" dramáticos apresentados no estúdio, mediados pelo apresentador, como reencontro entre familiares que não se viam havia décadas ou conflitos entre vizinhos. Carlos Imperial, que havia trocado a Tupi pela TVS, fazia um programa de auditório à moda de Chacrinha, com as suas "lebres" (dançarinas) rebolando no palco enquanto exibia números musicais. O apresentador foi demitido por Silvio Santos depois que se comprovou que ajudou a montar um esquema de fraude, com a colaboração de funcionários do Ibope, para ter números de audiência mais altos do que os reais.[2]

Nome de maior peso entre os que participaram desse início da TVS, Flávio Cavalcanti não teve, igualmente, uma boa experiência. O seu já famoso *Um Instante, Maestro!*, no qual quebrava os discos que não lhe agradavam, ficou apenas um mês no ar. "As condições técnicas eram péssimas, a antena de transmissão estava com defeito e, por isso, a imagem que chegava até as casas era muito ruim", relata Lea Penteado, biógrafa de Flávio. "O próprio Silvio decidiu tirar o programa do ar."[3] Mas seguiu pagando o combinado com Flávio por um ano.[4]

---

[2] Essa história é relatada na excelente biografia de Imperial, *Dez! Nota dez!*, de Denílson Monteiro. [3] Conforme citado pela autora em *Um Instante, Maestro!* [4] O *Almanaque SBT: 35 anos* diz que o programa teve vida um pouco mais longa, de três meses, entre maio e agosto de 1976.

O jornalismo escondia-se nas margens dessa grade. Segundo o *Almanaque SBT: 35 anos*, uma fonte oficial, o canal 11 contava com *Fatos e Fotos da Semana*, "telejornal exibido diariamente, em pílulas de três minutos, entre as séries e os filmes". Era apresentado por Luiz Lopes Corrêa e José Luiz Menegatti. Corrêa ficou mais conhecido alguns anos depois, sempre usando gravata-borboleta, ao ler as manchetes na abertura do *Aqui Agora*. Foi exibido desde o primeiro dia até 31 de maio de 1977. A preferência por notícias curtas também foi a marca de outras duas atrações nesses primórdios: *Plantão Onze* ("pílulas jornalísticas exibidas ao longo da programação"), exibido entre setembro e novembro de 1977, e *TVS Urgente* ("pílulas jornalísticas"), entre junho e outubro de 1977. Feitos de forma improvisada, sem investimento algum, todos esses programas iniciais constavam da grade apenas para fazer número e divulgar notícias requentadas e oficiais. Não há registro, no começo, de qualquer "furo" jornalístico ou revelação importante feita pela TV de Silvio Santos.

De vida mais longa, a TVS exibiu entre novembro de 1977 e agosto de 1981 o *Jornal de Serviços*, assim descrito: "Telejornal com foco em prestação de serviços e as últimas notícias das principais capitais brasileiras". A atração mudou de horário várias vezes – e a cada mudança o nome também era adaptado para o horário e dia da apresentação. Num sinal da total falta de prestígio do *Jornal de Serviços*, o programa também se chamou *Jornal da Manhã*, *Jornal da Tarde*, *Jornal da Noite*, *Jornal de Sábado* e *Jornal de Domingo*.

Essa situação vai ganhar mais amplitude a partir de 19 de agosto de 1981, com o início do SBT. Na cerimônia em que recebeu a concessão, transmitida pela própria emissora, Silvio Santos discursou e deixou explícita, sem meias palavras, a sua gratidão:

> Quero assumir o compromisso de prestar melhores e permanentes serviços em benefício da minha pátria e da

coletividade. Podem crer, acreditem que eu não vou decepcionar o presidente Figueiredo, não vou decepcionar o ministro Haroldo, o ministro Délio, o ministro Venturini, o ministro Golbery...[5] Não vou decepcionar aqueles que incentivaram, aqueles que me ajudaram, aqueles que apoiaram.

O famigerado quadro "A Semana do Presidente" foi ao ar pela primeira vez em 14 de junho, na TVS (Rio de Janeiro) e na Record (São Paulo), antes ainda da estreia do SBT, e engrenou a partir de 23 de agosto em rede nacional. O resumo com os fatos "mais importantes" protagonizados por Figueiredo no intervalo de sete dias se tornou um emblema da flexibilidade de Silvio Santos. Não bastava ser submisso às exigências de um governo ditatorial – era importante, também, exaltá-lo.

"Eu redigi boa parte daqueles programas", contou Arlindo Silva em entrevista à revista *IstoÉ Gente*, em 2000, e acrescentou:

> O Gugu também começou assim. Era a maneira do Silvio compensar o fato de o SBT não ter um programa jornalístico. Ele achou que o público gostaria de saber o que o governo fazia de bom. Os militares precisavam do Silvio para contrabalançar o poderio da Globo e dividir o poder de influência sobre a opinião pública. O relacionamento dele com o governo sempre foi de negócios.

Em defesa de Silvio Santos, costuma-se argumentar que "A Semana do Presidente" ficou no ar por quinze anos, até 29 de dezembro de 1996, levando também ao ar propaganda dos

---

[5] As referências são aos ministros Haroldo Corrêa de Mattos (Comunicações), Délio Jardim de Matos (Aeronáutica), Danilo Venturini (chefe do Gabinete Militar) e Golbery do Couto e Silva (chefe da Casa Civil).

presidentes José Sarney, Fernando Collor, Itamar Franco e Fernando Henrique Cardoso. O argumento é condescendente por duas razões. Primeiro, por considerar que a bajulação a um ditador tem peso semelhante à feita a políticos democraticamente eleitos.[6] E, segundo, por não considerar que a exibição de um quadro dessa natureza compromete de forma escancarada a isenção esperada de uma rede privada de televisão.

Haveria, ainda, um terceiro argumento em socorro a Silvio Santos: ele não estava só. Em 30 de maio de 1982, a menos de seis meses das eleições para governos do estado, Senado e Câmara dos Deputados, a Globo estreou o programa *O Povo e o Presidente*, apresentado por Ney Gonçalves Dias, no qual Figueiredo respondia a perguntas de espectadores. O quadro ia ao ar às 22h30, aos domingos, depois do *Fantástico*, e foi exibido até setembro de 1983. O projeto Memória Globo informa que o programa nasceu de uma iniciativa do dono da emissora, Roberto Marinho. Após algum tempo no ar, Figueiredo deixou de responder a perguntas enviadas pelo público e passou a responder a perguntas formuladas pela produção e pela assessoria do Planalto.

A primeira vinheta de abertura de "A Semana do Presidente" mostra apenas uma bandeira do Brasil com o nome estampado no meio da tela. Posteriormente, o quadro ganhou uma ilustração um pouco mais elaborada – uma imagem simplória do Palácio do Planalto ao fundo, com uma bandeira do Brasil no centro da tela e o nome abaixo. Uma típica pílula de 1981, com cinquenta segundos de duração, narrada pelo inconfundível Luiz Lombardi Neto, mostrava imagens de uma viagem internacional de Figueiredo, acompanhado da primeira-dama, Dulce Figueiredo, e dizia:

---

[6] Sarney foi eleito por votação indireta, do Congresso, em decorrência de uma emenda aprovada em 1984, ainda sob o regime militar.

Durante a sua visita ao Peru, o presidente Figueiredo cumpriu vários compromissos. No local onde estão os restos mortais dos heróis da independência peruana, Figueiredo depositou uma coroa de flores em sinal de respeito pela honra dos soldados mortos. O nosso presidente foi homenageado com almoço no Country Clube de Lima. E como prova de gratidão, recebeu de presente dois excelentes cavalos. Esta visita do presidente Figueiredo serviu para unir os dois países e firmar acordos de cooperação para o engrandecimento das duas nações, que caminham lado a lado com laços de amizade.

O tom patriótico e sabujo não mudou muito sob o regime democrático, como é possível ver em "A Semana do Presidente" dedicada a Collor, em 1991:

O presidente Fernando Collor ganhou uma festa de aniversário em comemoração aos seus 43 anos. Foram várias as homenagens em Brasília. No Palácio do Planalto, ministros, parlamentares, embaixadores e funcionários cumprimentaram o chefe da nação. Depois, ele assistiu a uma missa de ação de graças celebrada nos jardins da Casa da Dinda. Em seguida, dezenas de populares, admiradores e artistas foram levar o seu abraço ao presidente. Ao lado da primeira-dama, Rosane, dos cantores sertanejos Leonardo e Chitãozinho, entre outros, Collor apagou as velas do bolo oferecido pelo empresário brasiliense Wigberto Tartuce. Nós desejamos ao nosso presidente muitas felicidades e que Deus continue dando-lhe sensibilidade e sabedoria para continuar governando o nosso país.

Em dezembro de 1993, dedicada a Itamar Franco, "A Semana do Presidente" pediu:

Ano novo, renovam-se as esperanças de um futuro melhor e de dias mais tranquilos para todos nós. Unidos no abraço fraterno, todos os brasileiros recebem 1994 com fé em Deus e esperança. Ao presidente Itamar Franco, desejamos que Deus continue lhe iluminando e lhe dando a sabedoria para dirigir o nosso país. Na certeza de que juntos construiremos um futuro melhor.

Em julho de 1997, a mesma "sensibilidade e sabedoria" que Deus deu a Collor, agora está sendo dada a Fernando Henrique:

O nosso querido presidente, Fernando Henrique Cardoso, participou da condecoração dos 132 anos da Batalha do Riachuelo. Confiante e otimista, o nosso presidente administra com seriedade e trabalho o Plano Real, plano este que dará ao povo brasileiro dias de prosperidade e a vitória sobre todos os obstáculos que há muito tempo o Brasil enfrenta. Sabemos que o grande Deus tem dado ao nosso presidente Fernando Henrique Cardoso muita sensibilidade e sabedoria. Sentimos isso nos dias que estamos vivendo. Hoje, o Brasil é diferente e sério e nos mostra um novo horizonte, horizonte este do Primeiro Mundo a curto prazo. Feliz a nação cujo Deus é o Senhor.

Um caso curioso ocorreu em setembro de 1993. Abrigada na vinheta "A Semana do Presidente", foi exibida uma bajulação ao próprio Silvio Santos, que esteve em Brasília para receber uma condecoração:

Esta condecoração, a mais importante do nosso Exército, destina-se a recompensar brasileiros que prestaram bons serviços à nação. O comandante do Comando Militar Sudeste, general Freitas Almeida, entrega a medalha aos condecorados da Marinha, Aeronáutica e forças auxiliares. Brigadeiro, general, coronel, major e o empresário e animador Silvio Santos, que passa a ser comendador com esta condecoração em agradecimento aos serviços prestados à nação. Emocionado e feliz, Silvio Santos se apresentou como soldado Abravanel 392 da Escola de Paraquedistas.

O excesso de bajulação promovido por Silvio Santos virou motivo de piada em 1982, quando Juca Chaves gravou uma canção fazendo paródia da "Semana do Presidente". Intitulada "Semana do João", a letra ironizava a rotina do presidente João Figueiredo e, a certa altura, dizia:

> Segunda dá um beijo na criança,
> E no estudante grosso, um bofetão.
> Na terça, se não me falha a lembrança,
> Vem Bocuse lá da França lhe trazer a refeição.
> [...]
> Na quarta vê Delfim, vê Macedo
> Na quinta, destitui o seu Beltrão
> Na sexta, aumenta o dólar em segredo.
> E no sábado, bem cedo, faz o Cooper no Leblon
> Domingo, já com o script ensaiado,
> grava o especial pela TV.
> Porém o que não foi televisado,
> é que o povo, deste lado,
> é quem paga o seu cachê.
> Tudo isso Silvio Santos não mostrou, não mostrou não,
> mas essa, sim, foi a semana do João.

O carinho dedicado pelo SBT ao governo Figueiredo, como já relatei, resultou na concessão, em janeiro de 1985, do canal 12 de Brasília. A benesse foi muito questionada nos primeiros dias do governo Sarney, que tomou posse em 15 de março. No dia 10 de maio, Silvio Santos visitou o novo presidente no Palácio do Planalto. À saída, deu uma entrevista histórica, na qual tornou público o compromisso do jornalismo do SBT: "Eu já dei ordem aos jornalistas da minha empresa para nunca criticar, só elogiar o governo. Se for para criticar, é melhor não falar nada, é melhor ficar omisso".

No *Estadão* de 11 de maio, o registro da visita de Silvio Santos a Sarney contém mais um detalhe espirituoso. Segundo o jornal, pouco antes de deixar a sala de imprensa do Planalto, onde havia falado, o dono do SBT disse, referindo-se à ordem sobre elogiar o governo: "Cortem aquela parte inicial porque não fica bem para mim, como empresário de comunicação". E dirigindo-se a um repórter de rádio, acrescentou, rindo: "Se não cortar, quando você for demitido de sua empresa, não me venha pedir emprego".

Silvio repetiria essa argumentação inúmeras vezes nos trinta anos seguintes. "Por que não há críticas ao governo, qualquer que seja ele, no SBT?", perguntou, de forma direta, Mario Sergio Conti, na *Veja*, em setembro de 1985. "Se um governante pode ser elogiado, elogiamos. Não gosto de críticas, pois acho que elas não levam a nada. O público que julgue os governantes. A função da televisão é apresentar os fatos, cabendo ao público julgá-los", respondeu Silvio Santos.

Dois anos depois, em outubro de 1987, Luiz Fernando Emediato e Marcos Wilson, no *Estadão*, o confrontaram de outra forma. Depois de Silvio dizer que o povo brasileiro "é manso", "não é lutador como o povo dos Estados Unidos", "fica satisfeito com um bife", os jornalistas perguntaram: "E o jornalismo não tem a função de informar e orientar o povo?". Ao que o dono do SBT respondeu: "Jamais, na minha televisão, enquanto eu mandar, enquanto eu for dono, vai ter crítica. Só elogio. Só notícia, o fato. Não gosto que critiquem o presidente, o pedreiro, o farmacêutico, o faxineiro. Por que procurar só defeitos?".

No ano seguinte, entrevistado por Roldão Arruda, na *Folha*, ele daria a sua declaração mais crua sobre o assunto. O repórter perguntou: "Você faria alguma observação sobre o governo Sarney?". Resposta:

> Não tenho nada a ver com isso. Eu sou um concessionário, um "office boy" de luxo do governo. Faço aquilo que posso para ajudar o país e respeito o presidente, qualquer que seja o regime. Se não estiver satisfeito, eu vou embora. Ninguém me prende aqui. Tenho hoje independência financeira para fazer qualquer negócio em qualquer lugar do mundo. Quando vendia canetas não tinha.

Para Cida Taiar, no *Jornal do Brasil*, também em 1988, ele disse uma frase que voltaria a usar anos depois, no esforço de reprimir comentários sobre política feitos por funcionários da emissora. "Não faz mal que me chamem de puxa-saco. Com meu jornalismo, eu vou incentivar. O jornalista que trabalha comigo pode ter um ideal, mas então ele que vá para outra televisão, compre um jornal. Na minha, não. Na minha, vai dar notícia, só."

O ano de 1988 é marcado por dois acontecimentos importantes. Encantado em ver a reprodução fiel de suas palavras na entrevista que deu, em outubro de 1987, a Marcos Wilson e Luiz Fernando Emediato, do *Estadão*, Silvio contrata os dois para reformular o departamento de jornalismo da emissora, além de Boris Casoy, da *Folha*, para ser âncora do telejornal *TJ Brasil*. Eram sinais, pela primeira vez, de que o dono do SBT ambicionava produzir um jornalismo de mais qualidade, crítico e pluralista. Ao mesmo tempo, em março, Silvio Santos divulgou uma cartilha, intitulada "A todos os funcionários", com catorze "princípios editoriais" – um conjunto que incluía garantias ao bom jornalismo, mas também algumas idiossincrasias do dono. Assinado pelo próprio Silvio, o documento trazia, entre outros, estes princípios:

Seriedade – seriedade não é sinônimo de velhice. O único compromisso de quem tem um telejornal sério é com a informação precisa, correta.

Produto popular – ser popular não significa ser populista ou popularesco. O público não é uniforme em todos os sentidos. Uma notícia deve ser entendida pela patroa e pela empregada.

Pessimismo dispensável – o tom do jornalismo deve ser otimista, procurando mostrar que, mesmo nas situações mais trágicas, é possível dar a volta por cima.

Princípios do público – não vamos agredir nosso público em seus costumes e suas crenças; o respeito ao telespectador é fundamental.

Muitos desses princípios foram deixados de lado em 28 de maio de 1991, com o lançamento do *Aqui Agora*, uma experiência radical em jornalismo popular que ficou no ar até 1997. O programa se inspirava no argentino *Nueve Diario*, um jornalístico noturno a que Silvio Santos assistiu durante uma viagem a Buenos Aires. Diretor executivo de jornalismo do SBT, Albino Castro foi responsável pela implantação do novo telejornal. Sua primeira missão foi uma viagem à Argentina para estudar o *Nueve Diario*. Não gostou muito do que viu, mas incorporou um elemento fundamental – a câmera em movimento, executando planos-sequência ao vivo. Silvio aprovou o piloto. "Tinha coisas revolucionárias e coisas muito atrasadas", avalia Albino. "Silvio enfiou lá dentro um trem da alegria, uns 40% de gente que não era boa para o jornal. Era um jornal anárquico. Fizemos um jornal que tinha coisas muito boas e coisas muito ruins."[7]

---

[7] Entrevista ao autor.

No seu momento mais chocante e traumático, em julho de 1993, o *Aqui Agora* exibiu um suicídio ao vivo. "Ela pulou, ai meu Deus", disse o repórter Sergio Frias no momento da queda de uma adolescente de dezesseis anos. Antes de se atirar, a jovem ficou por cerca de quinze minutos sentada no beiral de um prédio, no centro de São Paulo, com direito a cobertura ao vivo do programa do SBT.

Esse tipo de jornalismo ao vivo, marca da atração, provocava distorções, como pude constatar ao acompanhar, para a *Folha*, uma equipe de reportagem do programa. Eles circulavam por São Paulo com um rádio sintonizado na frequência da polícia e se dirigiam a locais de acordo com o que era relatado. Ao ouvir que havia uma concentração de seguranças fazendo greve diante de uma empresa privada, no centro da cidade, a equipe do *Aqui Agora* rumou para lá. O movimento ocorria de maneira pacífica até a câmera do SBT ser ligada. Nesse instante, os grevistas começaram a depredar o local e a gritar palavras de ordem para aparecer na TV. "A câmera de televisão do *Aqui Agora* transformava a realidade", reconhece Albino.

O repórter Gil Gomes, com sua voz cavernosa, transformava casos policiais corriqueiros em dramas espetaculares. No time de repórteres da velha guarda, com muitos serviços prestados ao "mundo cão", havia ainda Jacinto Figueira Jr. e Wagner Montes. O pugilista Adilson Rodrigues, o Maguila, dava dicas de economia. "Pro rico não falta nada, mas pro pobre, só..." E socava uma mão na outra, usando luvas de boxe.

O telejornal deixou de ir ao ar em 1997. "Só entendi recentemente por que o Silvio matou o *Aqui Agora*", diz Albino. "Foi durante uma conversa em 1994 ou 1995. Ele disse que queria colocar o *Aqui Agora* ao meio-dia":

Albino: Mas isso vai despencar a nossa audiência, Silvio.
Silvio: Qual é a sua audiência?

> Albino: Hoje a gente tá dando 18, 20 pontos. E briga pra subir.
> Silvio: Você se lembra quanto foi que eu pedi que vocês dessem?
> Albino: Mais ou menos. Você pediu 12?
> Silvio: É. Vocês não precisam dar mais que isso.
> Albino: Na pegada que nós estamos, não consigo descer para parar em 12. Ou eu tento me manter e subir ou vou despencar.
> Silvio: Isso é problema seu.

Segundo Albino, nessa conversa Silvio deu a pista fundamental para entender o esvaziamento do telejornal. "Porque nós, idiotas, dávamos o dobro da audiência dele durante três, quatro anos. Aí ele começou a tirar coisa, mudar o horário. Eu não entendia na época."

Braço direito de Silvio por mais de quarenta anos, Luciano Callegari foi afastado da direção do SBT em 1998 e permaneceu ainda dois anos como consultor. Em um depoimento a Cristina Padiglione e Alline Dauroiz, do *Estadão*, em 2010, ele contou uma história que lembra muito essa relatada por Albino.

> Ele [Silvio] contratou a Carla Perez no auge. Aí dizia: "Ela está fazendo muito sucesso, deixa esfriar um pouco pra gente colocar ela no ar". Ela ficou quatro meses na geladeira. A minha leitura é a seguinte: ele vê em cada cara que faz sucesso uma concorrência pra ele. Quantas vezes ele prejudicou o Gugu porque o Gugu dava mais audiência que ele? Ele aumentava os breaks [comerciais] do Gugu, colocava calhau [publicidade do Grupo SS]...

Na mesma época do lançamento do *Aqui Agora*, a emissora também estreou um telejornal de fim de noite, o *SBT Brasil*, comandado por Lilian Witte Fibe, então comentarista de economia da Globo. Foi um período de liberdade total para os jornalistas da emissora, em especial para os âncoras Casoy e Witte Fibe. "Nunca soube que um comentário tivesse sido censurado", conta Alberto Villas, que chegou ao SBT no fim dos anos 1980 com a missão de criar o *SBT Brasil*, inicialmente apelidado de *TJ Noite*. Um caso engraçado relatado por Villas dá ideia do clima naqueles tempos:

"Vivíamos no país da inflação e de uma variação de preços impressionante. Ismael Pfeifer [editor de economia] preparou um gráfico comparativo com os preços de um automóvel Gol, o mais vendido na época. Os preços variavam muito e a concessionária mais cara mostrada no VT era a Vimave", conta. "Lilian não pensou duas vezes e improvisou um caco no final: 'Olha, aqui vai um conselho. Não passe nem na calçada dessa tal de Vimave!'. Não sabíamos que a concessionária fazia parte do Grupo Silvio Santos. Sabe o que aconteceu no dia seguinte? Absolutamente nada."

Liberdade total, mas em clima caótico. Uma edição do *Jornal do SBT* ia ao ar antes do talk show *Jô Soares Onze e Meia*. Conta Villas:

Uma noite, o jornal no ar, um supervisor chamado Natal bateu no vidro do switcher e disse: "Vai ficando no ar porque o Jô ainda não está pronto". Naquela noite inesquecível, ficamos no ar 45 minutos além do tempo. Fomos salvos pelo bondoso Ielson [um funcionário que cuidava de sonoplastia, entre outras funções], que tinha na gaveta três clipes do New Order que foram exibidos dentro do jornal, um em seguida do outro. Poderíamos ter entrado para o livro dos recordes como o único telejornal do mundo que exibiu três clipes do New Order numa mesma edição. Enquanto isso, a redação, frenética, foi produzindo notas e mais notas. Acredito que naquela noite demos notícia até de trombada de carroça.

Depois de um terremoto como esse, o que mais ouvíamos era a frase "isso é coisa típica do Silvio Santos".

## A previsão debochada da vidente

Silvio Santos deu alguns sinais de reconhecimento sobre a importância do bom jornalismo, ainda que não tivesse a intenção de praticá-lo no SBT. Em mais de uma ocasião, por exemplo, creditou a concessão do seu primeiro canal, em 1975, à reportagem de capa feita pela *Veja* naquele ano, na qual é apresentado não apenas como animador popular mas também como empresário bem-sucedido. Em 20 de dezembro daquele ano, por exemplo, travou o seguinte diálogo com Regina Penteado, na *Folha*:

Regina: Aquela reportagem de capa que a *Veja* fez com você me deu medo. Foi a partir dali que eu comecei a ter medo de você.
Silvio: Aquela reportagem? Foi a melhor que fizeram comigo até hoje. E vou te dizer uma coisa. Eu ganhei meu canal de televisão por causa daquela reportagem.
Regina: O governo percebeu, a partir dali, a solidez das suas empresas?
Silvio: O governo viu que eu era uma máquina bem montada.

Silvio Santos deu dezenas de entrevistas ao longo dos anos. Não fez discriminação. Falou a revistas semanais, jornais considerados de prestígio e jornais populares. Olhando em retrospectiva, é possível dizer, sem medo de errar, que deu mais entrevistas do que qualquer outro dono de televisão no país. Sem dúvida, falou publicamente muito mais do que Roberto Marinho, Adolpho Bloch, Edir Macedo, João e Johnny Saad. Tenho a impressão, igualmente, de que deu muito mais entrevistas a jornais e revistas do que Paulo Machado de Carvalho e João Batista do Amaral. O único que talvez possa concorrer em matéria de exposição com Silvio seja Assis Chateaubriand, mas o dono da Tupi tinha uma rede de publicações própria (dezenas de jornais e revistas), o que facilitava muito.

Uma curiosidade: pelo menos sete jornalistas que entrevistaram Silvio para jornais ou revistas foram contratados posteriormente para trabalhar no SBT: Décio Piccinini, Nelson Rubens, Arlindo Silva, Sonia Abrão, Marcos Wilson, Luiz Fernando Emediato e Ricardo Valladares.

Há motivos para acreditar que ele não goste de dar entrevistas, como muitas outras personalidades. Por isso, inventou uma história, que usa a seu bel-prazer, quando não lhe interessa falar – a de que uma vidente previu que morreria se concedesse entrevistas.

Esta resposta-padrão ganhou uma versão debochada após 2014, reproduzida, por exemplo, por Flávio Ricco e José Armando Vannucci, que tentaram ouvi-lo para a *Biografia da televisão brasileira*:

> Numa das minhas viagens à cidade de Nova Jersey, entrei na loja de uma famosa vidente que previu a derrota do Brasil por 7 a 1 contra a Alemanha. Esta mesma vidente, conhecida internacionalmente pelos acertos que tem, me disse que se eu fizer um filme, entrevista ou livro contando minha biografia, no dia seguinte infelizmente não acordarei, estarei morto. Por acreditar nessa famosa vidente, e por ser supersticioso, cumpro integralmente essa previsão. Não pretendo amanhecer defunto.[8]

8 Procurado por mim para falar sobre os temas tratados neste livro, Silvio não usou a desculpa da "vidente". Como visto anteriormente, mandou dizer outra coisa, via assessoria de imprensa: "Ele permanece com a mesma atitude de não dar entrevista e depoimentos para livros, filmes e outros, mas lhe deseja sucesso nesta caminhada".

O jornalista Albino Castro conta que foi convidado por Luiz Sandoval, à época presidente do Grupo Silvio Santos, a escrever um livro sobre a trajetória da empresa. A ideia era fazer uma surpresa a Silvio Santos. Quando o empresário soube, mandou sustar a homenagem. "Poxa, livro sobre a minha vida dá azar. Só depois da minha morte", disse Silvio.[9]

É verdade que Silvio frequentemente reclamou de jornalistas, dizendo que suas palavras foram distorcidas, ou que falou durante muito tempo e quase nada foi aproveitado. Em mais de uma ocasião, irritou-se com o rumo das conversas com os repórteres e disse que poderiam publicar o que quisessem, que não faria a menor diferença. Veja, por exemplo, esse diálogo sensacional com Regina Penteado, na *Folha*, em 1975:

Regina: Tentei entrevistar você há algum tempo e não consegui. Você antes só respondia a questionários por escrito. Por que é que, de repente, você resolveu começar a falar com a imprensa?

Silvio: Porque antes eu não tinha tempo e agora eu tenho.

Regina: Ah, pensei que era porque a imprensa costuma te pichar, te malhar muito.

Silvio: Picham sim. A toda hora me gozam, ficam me chamando de analfabeto.

Regina: E você não liga?

Silvio: Eu, que me importa? Podem falar, podem falar, que me importa? Não mexendo com as minhas empresas, nem ligo... Porque se mexerem com as minhas empresas, aí eu trato de empresa para empresa, ligo logo para o patrão.

Regina: Você está me ameaçando?

---

[9] Entrevista de Albino Castro ao autor.

Silvio: Não, mas me prejudicar como empresário é coisa que eu não posso admitir. Agora, do artista, podem falar o que quiserem. Não ligo.

Regina: Não liga de dizerem que você é analfabeto?

Silvio: Todas as vezes que eu escrevo alguma coisa errada no meu programa, eles [os jornalistas] dizem isto, fazem a maior gozação, mas eu não ligo. Acontece é que eu parei de estudar há muito tempo, quando faltava um ano para me formar para contador, e depois nunca mais escrevi. E agora, quando eu escrevo, escrevo na ortografia antiga e ficam dizendo que eu sou analfabeto.

Silvio muitas vezes se considerou vítima de preconceito ou de campanhas orquestradas contra ele. Em 17 de agosto de 1983, em entrevista a Getúlio Alencar, do *Estadão*, criticou explicitamente o jornal, que registrou o protesto:

> Eu só queria saber por que a imprensa pega tanto no meu pé. Eu estou na berlinda há mais de quatro meses. O *Estadão*, por exemplo, começou implicando com a ida das crianças ao meu programa infantil. Falou tanto que o secretário da Educação proibiu a presença delas no programa. Depois, começou o negócio da Liderança,[10] do Clam.[11] Há dois anos, o *Jornal da Tarde*[12] fez uma reportagem de duas folhas sobre

---

[10] Empresa pertencente ao Grupo Silvio Santos desde 1975, responsável pela emissão de títulos de capitalização e pela comercialização da Tele Sena.
[11] Um plano de saúde com capitalização, que oferecia assistência médica e hospitalar com a devolução integral do dinheiro capitalizado após vinte anos. Silvio Santos conta que vendeu o negócio, após alguns anos, ao ser cobrado por um casal de clientes pela morte do filho.   [12] Jornal do mesmo grupo do *Estadão*, lançado em 4 de janeiro de 1966. Deixou de circular em 31 de outubro de 2012.

a Liderança. Coincidentemente, na época em que eu participava da licitação para a compra de uma estação de televisão.

Na sequência, Alencar observa:

Silvio Santos acha que existe uma "campanha" contra ele em "certos" setores da imprensa, principalmente por jornalistas "intelectuais". "Eles não me compreendem. Querem que eu toque música clássica. Mas eu não gosto. Não adianta insistir. Meus programas são populares e eu me identifico com o povo. Não posso esquecer minhas origens de camelô."

Em junho de 2013, procurado por Joelmir Tavares, da *Folha*, para falar sobre os cinquenta anos do *Programa Silvio Santos*, Silvio esbanjou falsa modéstia. Primeiro disse: "Eu sempre me vi como um produto, um produto meu. Sou um bom vendedor. Tenho que ter um tratamento como outro vendedor que vende geladeira ou aparelho de TV". Ao final, quando o repórter agradeceu pela entrevista, Silvio desabafou:

Eu não sou muito fã deste negócio de sair em jornal, em revista. Mas... Eu acho que quem deveria ter essas homenagens são médicos, são cientistas. Eles fazem alguma coisa pela humanidade; e alguns artistas que dançam, cantam. Mas apresentador de televisão? Nós não fazemos nada. Nós vendemos bugiganga! Hi, hi.

### Diretor de jornalismo por três meses

Jornalista experiente, com passagens pelos jornais *O Estado de S. Paulo* e *Folha* e, na TV, por Band, SBT, Manchete e Globo, Alberto Villas trabalhou duas vezes na emissora de Silvio Santos.

A primeira, já mencionada, no fim dos anos 1980, na criação do *Jornal do SBT*, telejornal de fim de noite, apresentado inicialmente por Lillian Witte Fibe. Villas deixou a emissora em meados da década seguinte, como dezenas de outros profissionais, na esteira do esvaziamento do jornalismo do SBT. Catorze anos depois, em 2011, foi chamado para dirigir a área na emissora. Com contrato de dois anos, foi demitido após três meses.

No dia 2 de março de 2011, logo cedo, o telefone fixo da minha casa tocou. Era Fernando Pelégio, diretor de programação do SBT, com uma proposta bem clara. Ele me convidou para ser o diretor de jornalismo da emissora. Confesso que a minha casa não sintonizava a emissora de Silvio Santos havia muitos anos. Eu não fazia ideia de como andava o jornalismo do SBT, que havia caído completamente no esquecimento. Marcamos um encontro e antes de pegar um táxi com destino ao moderno e luxuoso complexo da Anhanguera, em Osasco, pedi uma semana para pensar. Sintonizei o SBT e deparei-me com um telejornal pálido, burocrático, quase patético. O jornalismo da emissora era um zero à esquerda. Fiz uma pequena pesquisa e constatei que nenhuma viva alma sabia sequer o nome do telejornal, quem o apresentava e quem eram os repórteres. Triste.

Villas conta que foi recebido numa sala luxuosa pelo presidente do SBT e irmão de Silvio Santos, Leon Abravanel, pelo vice-presidente, José Roberto dos Santos Maciel, pela diretora artística e filha de Silvio Santos, Daniela Beyruti, além de Fernando Pelégio. "Falei um pouco das minhas aventuras no jornalismo, da minha passagem pelo SBT e rimos muito lembrando das manchetes bem-humoradas e criativas do *Aqui Agora*."

Todos foram unânimes em dizer: "É exatamente isso que você está expondo que queremos trazer de volta para o SBT. Essa criatividade, essa vontade de ser diferente, de ser criativo e com uma equipe de primeira, animada". Uma semana depois, ele voltou ao SBT para assinar um contrato de dois anos.

> Assinei o documento numa sala no andar térreo, na presença de Maciel, Daniela, Leon, Pelégio e um advogado da emissora. Todos se mostraram muito felizes, me desejaram sucesso e reafirmaram que eu teria toda liberdade para mudar o jornalismo da emissora, criar novos produtos e montar uma nova equipe, se quisesse.

Um dia antes de começar a trabalhar, Villas foi informado por Maciel de que Silvio Santos tinha contratado os dois apresentadores do *Jornal do SBT*, o principal jornal da casa.

> Contou uma historinha que todos hoje conhecem bem. Aquela de que caiu nas mãos do Silvio um vídeo de Rachel Sheherazade, funcionária de uma emissora na Paraíba, onde ela fazia duras críticas à industrialização do Carnaval. Silvio se encantou com ela e mandou contratá-la para ser âncora do jornal e fazer comentários bem no estilo daquele vídeo. Perguntou se eu já tinha visto o tal vídeo, disse que não e, mais tarde, fiquei bastante assustado quando vi.

O veterano Joseval Peixoto, vindo da rádio Jovem Pan, seria o parceiro de Rachel na bancada. "Você vai gostar dos dois", disse Maciel. "Engoli em seco quando Maciel deixou claro que era uma ordem do Silvio, e ordem do Silvio ninguém discute", continua Villas.

> No primeiro dia de trabalho, encontrei uma redação inquieta, aflita com a minha chegada, talvez temerosa de uma demissão em massa, o que não aconteceu. A minha sala era medonha. Tinha uma mesa, uma cadeira de rodinhas

estropiadas e uma estante com seis monitores de TV, quase todos quebrados. Encontrei uma redação aparentemente acomodada, alguns com vontade de mudar, outros não. Não gosto desta expressão, mas estavam vivendo numa zona de conforto, fazendo um jornalismo arroz com feijão e pronto. Logo percebi que qualquer press release que chegasse ali virava matéria. Até mesmo um Festival de Morango promovido pela confeitaria Amor aos Pedaços.

O *Jornal do SBT* ia ao ar todos os dias e tinha pouca repercussão. Ao final de cada edição, a equipe se reunia numa pequena sala para fazer uma avaliação. Villas criticava, elogiava, sugeria pautas e edições e as pessoas ouviam atentamente. "Minha primeira ação foi contratar três pessoas: Claudia Liz, Marcia Dal Prete e Hélio Soares, o Helinho, três jornalistas brilhantes, criativos e cheios de gás que deram um ar novo ao pedaço. A redação me pareceu um pouco assustada."

O Jornal do SBT começou a ganhar uma cara nova, ainda com os antigos apresentadores, Carlos Nascimento e Karyn Bravo.

Assim que Rachel Sheherazade e Joseval Peixoto começaram a trabalhar, partimos pros pilotos. Rachel tinha boa vontade e alguma experiência em televisão. Joseval Peixoto não tinha nenhuma experiência com vídeo e foi um desastre total. Lia a escalada como quem lê um processo judicial, sem a menor entonação, sem charme, parecia um robô. Achei que não ia dar conta, ele não melhorava nada com o passar dos dias e eu levei o problema ao Maciel, que enfatizou: "Desejo do Silvio é desejo do Silvio. Não temos o que fazer".

Em dois dias, Villas preparou o piloto de um jornal que sonhava ver apresentado na hora do almoço para concorrer com o *Jornal Hoje*.

Mesmo sem uma verba para isso, conseguimos fazer um telejornal que dei o nome de *Dez Minutos* com Rachel Sheherazade, levemente inspirado no *Sete Minutos* francês. Em dez minutos, ela dava um giro pelo Brasil e pelo mundo, mostrava os gols da rodada, a previsão do tempo, as cotações e ainda sobrava tempo para uma matéria de comportamento. Ficou um show. Foi exibido para a direção do SBT e, acredito eu, engavetado. Rachel solo se saiu muito bem.

Na segunda semana, Villas foi chamado por Maciel, que lhe comunicou que agora faria parte do Comitê de Criação da emissora, dando sugestões e fazendo críticas aos programas da casa em reuniões semanais.

No dia seguinte, já fui convocado para assistir, juntamente com todos os diretores de departamentos, a uma série de programas franceses. Maciel me pediu que eu fosse traduzindo a proposta de cada programa, o que foi feito. Ouvi, naquele dia, ironias do tipo "o SBT está chique, agora tem gente que fala até francês".
[...]
Um dia vetei um comentário de Rachel em que ela criticava o cabelo do jogador Neymar, que a cada jogo aparecia com um novo look. Ela dizia que Neymar devia seguir o exemplo do jogador Kaká, um bom moço, limpinho, arrumadinho e bem penteado. Disse a ela que estava derrubando o comentário porque era preconceituoso. Neymar era um ídolo da torcida do Santos e essa torcida aprovava suas ousadias. Ela não gostou e saiu da sala fazendo bico.

Um dos diretores da emissora começou a disparar e-mails diretamente para Daniela Beyruti, a filha do dono, criticando o

*Jornal do SBT*. Críticas do tipo "a gravata do Joseval estava ligeiramente torta".

Daniela, sem saber muito que fazer e entendendo pouco de televisão, me encaminhava o e-mail, com observações do tipo: "Villas, veja isso pra mim". Eu não sabia se ela concordava com o diretor e ficou claro pra mim que ele estava disparando e-mails pra filha do dono com algum objetivo. Por que ele não vinha até a minha sala para conversarmos sobre o assunto, já que a porta eu fazia questão de deixar sempre aberta?

No meio de uma tarde, Villas foi chamado para uma reunião do Conselho de Criação. As séries policiais estavam no auge, e foi apresentado um episódio produzido, gravado e editado inteiramente por ninguém menos que um adestrador de cães, amigo de Silvio Santos.

O piloto foi um dos episódios mais trash que já vi em minhas quatro décadas de jornalismo. Se tivesse que dar uma nota de zero a dez, daria menos vinte. Fiz duras críticas àquela aberração e a direção tentou colocar panos quentes, alegando que o amigo do Silvio, o adestrador de cães, não era do ramo. Não sei como aquilo acabou não indo ao ar.

O clima foi piorando a cada dia. Notas maldosas começaram a pipocar nas colunas de TV dos jornais: "O novo diretor de jornalismo do SBT não quer mais notícias nos telejornais" foi uma delas. Uma outra nota dizia que o SBT já estava à procura de um novo diretor de jornalismo para a emissora.

Mandei um e-mail para Daniela Beyruti, com cópia para José Roberto Maciel e Fernando Pelégio, questionando a nota, perguntando se havia algum fundamento naquela notícia. Não houve resposta. Dois dias depois, Pelégio entrou na minha sala e disse que era para eu continuar o meu trabalho com tranquilidade, que a nota era maldosa e eu não precisava me incomodar com fofocas de colunistas.

Poucos dias depois, uma nota publicada na coluna de Cristina Padiglione no jornal *O Estado de S. Paulo* dizia que um quadro com o diploma do Prêmio Esso dado à repórter Monica Puga havia sido transformado em bandeja de café pelo novo departamento de jornalismo do SBT.

Enviei um e-mail para Cristina Padiglione explicando o absurdo da nota. Na verdade, todos os quadros da sala de reunião haviam sido retirados e colocados numa estante, enquanto a sala fosse pintada de amarelo. Alguém por maldade, ou não, deixou um copo de plástico com café em cima do quadro a que ela se referia na nota. Isso serviu de munição para alguém da equipe que não queria ver o departamento de jornalismo ganhar vida e uma nova direção. Cristina publicou minha resposta na íntegra.

Em seguida, as emissoras afiliadas começaram a reclamar de que suas matérias não estavam mais entrando no *Jornal do SBT*.

Fui bem claro. São matérias locais, sem importância nacional e que chegavam às vezes a sete minutos. Outras eram claramente ação entre amigos e não fazia o menor sentido estarem no principal jornal da casa. Disse que matérias boas, bem checadas e bem produzidas sempre iriam ao ar.

No início da tarde de uma quinta-feira, o telefone de Villas tocou. Era a secretária de Silvio Santos dizendo que ele queria falar com o jornalista.

Nunca tinha visto Silvio Santos pessoalmente. Fui encaminhado até sua sala e a porta se abriu. Era uma sala luxuosa, mas de um mau gosto extremo. Lembro-me bem de um sofá de couro branco com detalhes dourados que dava um ar brega ao ambiente. Silvio Santos apareceu vestido todo de branco, de meias e chinelo. Creio que ele estava se preparando para apresentar o seu programa. Parecia um boneco de cera de Madame Tussaud. Ele foi muito gentil, convidou-me para sentar e começou a falar. Foram palavras mais ou menos assim: "Você está aqui trabalhando conosco há um tempo e eu ainda não te conhecia. Eu só ouço falar bem de você, ninguém fala mal. Achei que você fosse um santo. Soube que fala até francês"... e soltou aquela sua risada.

Villas prossegue:

Fiz um pequeno relato da minha trajetória como jornalista para ele e do trabalho que estava desenvolvendo no departamento de jornalismo. Silvio me revelou que o seu modelo de jornalismo chamava-se Ferreira Neto, que eu não devia conhecer porque "você é muito novo". Perguntou se eu conhecia e eu disse que sim. Silvio disse que, por ele, deixava o Joseval e a Rachel falarem o tempo que fosse necessário, nem precisava de reportagens. E completou: "Mas quem entende do assunto e manda lá é você".

No dia seguinte, assim que cheguei à redação, no meio da manhã, o telefone tocou. Estava sendo convocado para uma reunião com a direção. Entrei na sala da direção e lá estavam Maciel, Daniela, Leon e Pelégio. Daniela, muito sem jeito e sem graça, pediu um café para todos e me disse que eu estava demitido. Espantado, perguntei o motivo e não obtive nenhuma resposta. Ficaram em silêncio. Perguntaram como eu queria que a notícia fosse comunicada para a imprensa, eu disse que estava um pouco chocado e que depois voltaríamos a conversar.

Chegando em casa, abri o computador e havia o e-mail de um dos diretores da emissora que começava assim: "Caro Villas, pesso a você...". Pesso com dois "s". No dia seguinte, todas as notícias publicadas em jornais e sites informavam que eu havia sido demitido por determinação pessoal de Silvio Santos.

Em tempo: o relato de Villas confirma uma resposta de Rachel Sheherazade a Silvio Santos, em abril de 2017, durante o Troféu Imprensa. O dono do SBT a provocou durante a cerimônia: "Você começou a fazer comentários políticos no SBT e eu pedi pra você não fazer mais, né? Porque não pode fazer, não! Você foi contratada para ler notícias, não foi contratada pra dar a sua opinião. Se você quiser fazer política, compra uma estação de televisão e vai fazer por sua conta". A apresentadora tentou retrucar: "Quando você me chamou foi para eu opinar". Ao que Silvio observou, de forma indelicada: "Não, eu te chamei para você continuar com a sua beleza, com a sua voz, para ler as notícias no teleprompter, não foi pra você dar a sua opinião". No mesmo programa, dirigindo-se a Danilo Gentili, apresentador do talk show *The Noite*, Silvio disse: "Danilo, você não deve falar em política porque me complica. E não é você, sou eu que recebo as reclamações. A dor de cabeça quem tem não é você, sou eu. Fala de política puxando o saco deles. Você ia ser o único a elogiar os grandes do Brasil", pediu.

# 6.
# SBT significa "Silvio Brincando de Televisão"

Aos olhos do público, há dois Silvio Santos: o empresário e o animador de televisão. Menos visível é a terceira versão desse personagem inimitável: a de diretor de programação. Não que ele tenha assumido essa função formalmente em algum momento, mas desde que começou, comprando horários na TV Paulista, em 1960, Silvio sempre julgou conhecer muito bem os humores do público – e frequentemente estava certo.

São do próprio Silvio as ideias mais ousadas, as mudanças mais radicais, as contratações mais surpreendentes na história do SBT. São de sua responsabilidade, igualmente, os erros mais grosseiros, as decisões mais estapafúrdias, as mudanças mais equivocadas na rede de sua propriedade.

Foi dentro da própria emissora que nasceu uma piada sobre um significado alternativo da sigla SBT: "Silvio Brincando de Televisão". Passando por cima dos profissionais contratados para cuidar dessas áreas, Silvio construiu internamente a reputação de um gênio indomável, a quem se deve respeito e temor. Suas decisões, inquestionáveis, são muito festejadas quando bem-sucedidas e não merecem comentários em voz alta quando dão errado. O empresário preza a sua intuição e, com base em seu histórico, justificadamente, considera que entende mais do que qualquer um de televisão. Neste capítulo, lembro de algumas situações marcantes.

## "Logo depois da novela da Globo"

Ao entrar no ar, em agosto de 1981, o SBT montou a sua grade com parte da programação ultrapopular que a TVS já vinha exibindo desde 1976. *O Povo na TV*, sob o comando de Wilton Franco, é sempre lembrado como a peça de resistência desse rumo inicial da rede de Silvio Santos. Também tinha Jacinto Figueira Junior (*O Homem do Sapato Branco*), Raul Gil, Jota Silvestre (*Show sem Limite*) e Moacir Franco.

Um exemplo original de isca para capturar o espectador era oferecido pela Sessão Premiada, que passava filmes com apresentação de Gugu Liberato, Paulo Barbosa e Léo Santos. Nos intervalos, eram oferecidos prêmios a quem respondesse corretamente a perguntas sobre o longa-metragem em exibição. Quem acertasse se habilitava a participar de um game para concorrer a um prêmio maior. Antes, na TVS, havia a Sessão Corrida – um mesmo filme ou série era exibido três vezes seguidas, no esforço de capturar diferentes espectadores.

O caráter "popularesco" dessa programação inicial do SBT é objeto de uma análise da cientista social Maria Celeste Mira, uma das primeiras pesquisadoras a se debruçar seriamente, na academia, sobre Silvio Santos.[1] A nova rede de televisão, observa, "trouxe de volta com ela praticamente todos os programas que haviam sido banidos da televisão brasileira na crise do final dos anos 1960. Todas as ruínas das falidas ou decadentes TV Rio, TV Excelsior, TV Record e TV Tupi, o que havia sido desprezado pela TV Globo seria recuperado e levado ao ar pelo SBT nos seus dois primeiros anos".[2]

---

[1] *Circo eletrônico: Silvio Santos e o SBT*, sua primeira pesquisa, foi publicada em 1995. [2] "O moderno e o popular na TV de Silvio Santos", in *História da televisão no Brasil*.

Mira observa que, nos anos 1980, esse tipo de programação causou um problema até então pouco conhecido:

Se, no fim dos anos 1960, os programas de auditório eram condenados por imprensa, intelectuais e o governo militar, nos anos 1980 o SBT se defrontaria novamente com a oposição da imprensa e com uma barreira insuperável para quem quer ganhar dinheiro: o mercado publicitário.

Ainda segundo a pesquisadora, os diretores do SBT, nesses primórdios da rede, "chegaram a oferecer publicidade gratuita para que os anunciantes pudessem observar o retorno. Mas eles recusaram: comercial no SBT nem de graça".

É nesse contexto que Silvio Santos contrata, em 1983, o então diretor comercial da Rede Globo em São Paulo, Ricardo Scalamandré. "Com carta branca para fazer tudo que quisesse", como ele mesmo disse em diferentes depoimentos, sua missão incluía "limpar a programação no que fosse possível", e o principal alvo foi justamente *O Povo na TV*, cortado em janeiro de 1984. "Eu sempre achei que audiência era audiência. Se você fizesse 40, 45 pontos, essa audiência deveria ser vendida igual às outras. Mas eles [Scalamandré] me convenceram que não. Você precisa, às vezes, ter uma audiência de 5 pontos, mas seletiva", explicou Silvio, ao fazer, em 1990, um balanço das mudanças que realizou ao longo da década de 1980.

No esforço para qualificar a grade, uma das aquisições mais famosas foi a minissérie americana *Pássaros Feridos*, centrada no amor impossível entre um padre e a mulher que ele criou quando pequena. Não que fosse uma obra-prima. O crítico Inácio Araujo, na ocasião, classificou o programa como "...*E o vento levou* sem vento e sem lá muito o que levar", um "melô bem produzido", com "direção muito eficiente". Mas, na comparação com o que o SBT exibia normalmente, *Pássaros Feridos* tinha a estatura de um *O Poderoso Chefão*.

A emissora investiu um bom dinheiro na compra dos direitos e na promoção da minissérie. A estreia foi numa segunda-feira, em 19 de agosto de 1985, dia em que o SBT comemorava o seu quarto aniversário. Na véspera, num episódio que se tornou célebre do estilo Silvio Santos, o apresentador se dirigiu ao público que assistia ao seu programa dominical e disse, conforme o registro de Arlindo Silva:

> Logo depois da novela da Globo vocês poderão assistir a um filme sensacional, *Pássaros Feridos*. Não precisam deixar de assistir à novela. Vejam a novela e depois vejam o filme. É um filme muito bom, um filme a que eu já assisti várias vezes. É a história de um padre que se apaixona. Mas esse filme só vai começar depois que a novela da Globo terminar.

O primeiro episódio de *Pássaros Feridos* bateu a Globo com folga no Ibope. No dia seguinte, a emissora carioca atrasou em mais de meia hora sua programação, esticando o *Jornal Nacional* e *Roque Santeiro*. Em resposta, o SBT colocou no ar o desenho animado *A Pantera Cor-de-Rosa* à espera de que a novela terminasse na Globo. Um apresentador do boletim *Últimas Notícias* entrou no ar e avisou, com todas as letras: "Estamos aguardando o término da novela *Roque Santeiro* para começar o grande filme *Pássaros Feridos*".

Na sexta-feira, 23 de agosto, dia em que seria exibido o quinto episódio de *Pássaros Feridos*, o repórter Nelson Pujol Yamamoto registrou na *Folha* a indisfarçável satisfação de Silvio Santos com o seu feito:

> Foi uma questão de cumprir a promessa que fiz para o meu público. No último domingo, apresentei uma amostra da

minissérie no meu programa e disse que, para não atrapalhar os fãs de *Roque Santeiro*, *Pássaros Feridos* começaria um minuto após terminada a novela da Globo. Pelo visto a concorrente atrasou sua programação por nossa causa, mas vamos continuar cumprindo a promessa, embora a intenção não seja fazer guerra.

E no sábado, 24, a *Folha* voltou a citar Silvio, que mostrou ter assimilado, ao menos provisoriamente, a lição de Scalamandré:

> Na minha opinião, o maior lucro de *Pássaros Feridos* foi o fato de termos provado ao público e aos anunciantes que, com um bom produto, penetramos em todas as classes sociais. Com isso, contrariamos aquela noção de sermos uma emissora das classes baixas, que a Globo tenta vender, inclusive junto às agências de publicidade.

Uma semana depois, o SBT publicou um anúncio de página inteira no jornal festejando o feito: "Durante cinco noites consecutivas, a segunda maior rede de televisão do país foi a primeira. Há vinte anos, a líder não ficava tanto tempo longe da liderança". Segundo o Ibope, a média de audiência dos cinco dias, no horário, deu ao SBT 44% de participação, contra 16% da Globo.

Um ano depois do ocorrido, em um depoimento gravado no segundo semestre de 1986, Ricardo Scalamandré disse que a tática de guerrilha foi uma ideia sua, aperfeiçoada por Silvio Santos:

> Comentei com o Silvio que, se eu fosse a Rede Globo, não vacilaria em esticar a novela, que na época era *Roque Santeiro*. Sugeri que colocássemos o seguinte anúncio no jornal: "Não perca, logo após a sua novela preferida, *Pássaros Feridos* na TVS". Mas o Silvio falou que não queria gastar dinheiro em jornal e que ia pensar em algo. No domingo,

estava vendo o seu programa quando, para meu espanto, ouvi uma chamada do tipo: "Não percam o *Roque Santeiro*, mas, depois da novela, não deixem de assistir à série *Pássaros Feridos*. Não se preocupem se a Globo esticar a novela. Só começaremos depois que a novela acabar". Foi incrível. Eu mal podia acreditar naquilo: a TVS estava chamando o programa da concorrente! Mas o Silvio, que é muito inteligente, tinha feito melhor do que eu havia sugerido. Quando comentei com ele sobre a "propaganda" que tinha feito da novela da Rede Globo, ele me disse: "Qual é o problema? A novela já dá 90% de audiência!". Ele é assim.[3]

Quase cinco anos depois da exibição de *Pássaros Feridos*, em janeiro de 1990, Silvio Santos disse que a estratégia usada em agosto de 1985 para enfrentar a Globo foi ideia sua. Questionado por Regina Echeverria, no *Estadão*, de forma explícita a respeito, ele disse:

> Ideia minha, por uma razão. A gente sabe do potencial que a Globo tem. Todas as novelas da Globo são boas e, quando não são, eles têm pessoal capacitado para que fiquem boas, através de pesquisas. Então, acho que, se o público está acompanhando uma novela da Globo, qualquer que seja o programa que o SBT colocar no ar será prejudicado. Então, é melhor que se coloque um desenho, que a gente fique esperando a novela da Globo acabar para oferecer uma opção. E isso deu certo. O telespectador sabe que, se quiser assistir a um programa no SBT, pode esperar tranquilamente a sua novela terminar.

Em 1986, já consolidado como a segunda maior rede do país, atrás apenas da Globo, o SBT encomendou à agência

---

[3] "O negócio da televisão", in *TV ao vivo: Depoimentos*.

W/Brasil, de Washington Olivetto, uma campanha publicitária e um novo slogan para substituir o que era usado então ("Primeira no coração de vocês"). Nasceu, então, um dos slogans mais lembrados da emissora – o "líder absoluto do segundo lugar". A imagem, forte, exibida com orgulho, estabelecia claramente a posição do SBT no mercado naquele momento, ainda que pudesse sugerir acomodação. Em entrevista a Paulo Markun e Gabriel Priolli, na revista *Imprensa*, em abril de 1988, Olivetto explicou o conceito: "O Brasil tem hoje mais perdedores do que vencedores. E muitos anti-heróis. Logo, quando você explora essa temática, cria simpatia". Mas previu: "O produto tem que acompanhar a campanha, senão não funciona. Não pode haver discrepância entre a propaganda e a realidade". Segundo Arlindo Silva, a campanha foi idealizada por Nizan Guanaes, então começando a carreira em São Paulo na agência de Olivetto.

Na mesma revista, Silvio foi questionado a respeito do viés negativo da campanha: "Ao posicionar o SBT como o 'campeão da vice-liderança', você não corre o risco de fixar a sua imagem como a do eterno segundo lugar?", perguntaram os repórteres. Pragmático, como sempre, ele respondeu:

> Não tenho essa preocupação. "Campeão da vice-liderança" é uma campanha muito bem bolada pelo genial Washington Olivetto. Não importa ser o segundo ou o décimo lugar. Quero que a empresa sobreviva. Tenho a responsabilidade de fazer 15 mil funcionários do Grupo Silvio Santos receberem em dia. Isso é o que interessa.[4]

[4] Trinta anos depois, em agosto de 2017, em meio a um corte de custo e de algumas centenas de demissões, o SBT me informou possuir cerca de 3 mil funcionários.

Ao analisar a programação do SBT nos anos 1980, Maria Celeste Mira registra o efeito que causou na concorrência.

> Naquela década assistiu-se à volta dos auditórios em todas as emissoras de TV. Se, por um lado, o SBT foi obrigado a se modernizar, por outro, as demais emissoras, em particular a Rede Globo, tiveram que se popularizar para não perder a faixa de público que estava migrando para o SBT.

Em 1982, a emissora carioca recontratou Chacrinha, demitido dez anos antes, e relançou o humorístico *Balança Mas Não Cai*, longe do ar desde 1971. A pesquisadora aponta:

> Finalmente, em 1989, a Rede Globo não teve mais como resistir: para enfrentar Silvio Santos aos domingos, só mesmo com outro programa de auditório. Naquele ano tem início o *Domingão do Faustão*, dirigido por um dos mais experientes membros da equipe do *Programa Silvio Santos*, Deto Costa. Tendo se especializado no formato "programas de auditório", dessa vez era o SBT que tinha a receita.

Boni vê a contratação de Fausto Silva de outra forma. "Em um determinado momento constatamos que o Silvio tinha ficado atrelado a um público mais velho e de classe mais baixa", diz.[5]

> Faustão representava a irreverência e a modernidade de que precisávamos. Pelas pesquisas sabíamos que ele iria bater o Silvio. Ganhamos logo no primeiro programa. Mas a consolidação dessa liderança sem competição levou quase um ano. Eu comemorei desde o primeiro dia, porque o

---

[5] Entrevista ao autor.

Silvio é bom demais e brigar com ele não é fácil. Sou um admirador do Silvio.

*Casa dos Artistas*: "Será plágio por premonição?"

Nenhum outro episódio na história do SBT é tão emblemático do estilo de Silvio Santos no comando da programação da TV quanto o lançamento do reality show *Casa dos Artistas* – uma adaptação do formato *Big Brother* sem o devido pagamento de direitos autorais. Existem dezenas de relatos a respeito dessa decisão de Silvio, mas poucos são tão detalhados e claros quanto o depoimento de José Roberto Maluf, então vice-presidente do SBT, dado aos jornalistas Flávio Ricco e José Armando Vannucci.

Maluf estava em Amsterdam, em meio a uma viagem de férias, quando assistiu na TV do hotel a um episódio do *Big Brother*. O reality, criado por uma empresa holandesa, a Endemol, foi lançado em 1999 e logo se tornou uma franquia internacional, comercializada para inúmeros países. O executivo do SBT farejou de imediato que aquele programa era a cara do SBT. Buscou informações, entrou em contato com a Endemol e partiu para a cidade de Hilversum, onde foi recebido por um executivo da produtora. "Vi tudo. Fui até a casa do *Big Brother* e recebi todas as explicações de como funcionava, inclusive alguns demos para trazer ao Silvio, para mostrar como era", contou Maluf.

Em São Paulo, o executivo soube que um outro funcionário do SBT, o engenheiro Alfonso Aurin, havia visto uma versão do programa na Espanha e também queria falar com Silvio Santos sobre o assunto. O dono do SBT ouviu os dois e disse a Maluf, conforme o seu relato: "Vamos fazer, é uma boa. Pede mais detalhes de como funciona". E foi o que Maluf fez. A Endemol enviou representantes ao SBT trazendo mais informações, incluindo os manuais que detalhavam como o formato deveria ser desenvolvido (no jargão da TV, esse material é chamado de "bíblia"). Um pré-contrato foi assinado, garantindo ao SBT a prioridade de produzir o *Big Brother* no Brasil.

Ainda segundo Maluf, depois de mais de três meses de negociação, ele foi novamente a Hilversum assinar o contrato. Até que Silvio Santos telefonou. Ricco e Vannucci reproduzem a conversa entre o executivo e o patrão, segundo o relato do primeiro.

Silvio: Maluf, eu não quero mais.
Maluf: Não estou acreditando no que você está me falando, não é possível. Eu já assinei.
Silvio: Então rasga.
Maluf: Como "rasga", Silvio?
Silvio: Já disse, rasga. Não quero mais.
Maluf: Não vou rasgar nada. Você não combinou comigo que estava tudo ok?
Silvio: Combinei, mas eu pensei bem e não quero mais. Não é o nosso público.
Maluf: Como não é o nosso público, Silvio? Claro que é o nosso público, está na cara que é grupo B2, C1, C2. Está na cara!
Silvio: Não quero mais. Eu tenho medo, é muito dinheiro.

Maluf informou aos holandeses que precisaria voltar ao Brasil para rever o contrato. A Endemol pediu de volta as "bíblias" que havia cedido ao SBT, o que foi feito, não sem antes terem sido copiadas. "Evidentemente", escrevem Ricco e Vannucci.

Além do valor do investimento, Silvio se incomodou também com o fato de que o contrato com a Endemol deixava o SBT com pouca margem de manobra para mexer no formato ou improvisar. Essa é a percepção que outros envolvidos na operação me relataram, sob a condição de permanecerem anônimos.

Alguns meses depois de o SBT desistir do negócio, a Globo se associou à Endemol para realizar o *Big Brother Brasil*. Ao tomar conhecimento, Silvio Santos reuniu os seus executivos e disse que a emissora precisava fazer algo. Assim nasceu o projeto da *Casa dos Artistas*. "É parecido com o *BBB*, mas com muitas coisas diferentes. Não vai caracterizar nada, porque ideia e formato, no Brasil, a lei não protege", teria dito Silvio.

A estreia, no dia 28 de outubro de 2001, bateu o *Fantástico* no Ibope. Um dia depois, na segunda-feira, a Globo informou que processaria o SBT por plágio:

> Um país que não respeita o direito intelectual jamais será desenvolvido. A indústria brasileira de entretenimento só pode crescer se for baseada no respeito à lei e em princípios morais. Frequentemente nossas imagens são usadas sem autorização – desrespeitando e deixando de remunerar o trabalho de artistas e técnicos. Mais uma vez somos vítimas de pirataria: o SBT lança um programa que não passa de um plágio sensacionalista do *Big Brother*, atração consagrada mundialmente, cujos direitos foram por nós adquiridos em agosto, como é de conhecimento geral. Nossa indignação é ainda maior, porque no momento em que a sociedade brasileira anseia por ética, esse tipo de comportamento é um exemplo de descaso com um dos valores mais elementares – o de que o direito de um acaba quando começa o do outro. Não nos resta outra saída a não ser recorrer de novo à Justiça, que, vale dizer, acaba de nos dar ganho de causa em mais uma ação contra a mesma emissora, que foi multada e impedida de levar ao ar um plágio do nosso programa *Gente Inocente*.[6]

[6] Nota enviada à imprensa em 29 de outubro de 2001.

No mesmo dia, o SBT respondeu de forma debochada, com uma longa nota, colocando-se no papel de Robin Hood:

> Não há direito a monopólio. A indústria brasileira do entretenimento só pode crescer se a TV Globo deixar. A Rede Globo comemora a primeira derrota do *Fantástico* ameaçando processar o SBT por plágio de programa não exibido. Não satisfeito em derrotar o índice de audiência da TV Globo durante todo o domingo, o SBT cometeu a leviandade de, pela primeira vez, derrotar o *Fantástico* sem pedir as desculpas devidas a este pilar de moralidade e correção que é a TV Globo.

E a nota prossegue:

> Na verdade o SBT, no domingo, só perdeu para o Corinthians, um dos contratados da Globo que não vinha correspondendo às expectativas no campo, mas que jogou um bolão no domingo. Ainda por cima, no sábado, batalhando contra a novela do SBT, o *Jornal Nacional* atingiu um novo marco na sua rota descendente, atingindo os 31%, uma nova experiência. Isso para não falarmos de Xuxa, Faustão e outras gentes inocentes, todas pessoas de nosso estima e respeito, mas que são rotineiramente derrotados nas tardes de domingo.

Na sequência, provoca, em tom de ironia:

> Por tudo isso, é justo que a Globo nos processe, ainda que seja por plágio de um programa que não está sequer produzido. Será plágio por adivinhação, por premonição? Tem razão a Globo de se dizer vítima do SBT e de suas práticas ilegais. Afinal, por causa da acirrada, imoral e ilegal perseguição de que é vítima, a TV Globo ficou reduzida a apenas uma Rede Nacional de Televisão, uma Rede Nacional de

Rádio, uma meia dúzia de jornais com que ainda não conseguiu eliminar a concorrência, inclusive um novo jornal em São Paulo que, como sabemos, não dispunha de um jornal com os elevados princípios éticos e morais do atual *Diário de S. Paulo*.[7] Para não falarmos das empresas e empresários que lhe são afiliados, cada qual menos poderoso do que o outro, não tendo, em regra, mais do que o jornal líder em cada estado. Tanto é assim que só possuem uma única empresa de televisão por satélite, distribuindo meros sessenta canais e umas poucas televisões por cabo com outro tanto de canais. Também na área editorial, a Globo não conseguiu ultrapassar umas duas dúzias de títulos nem conseguiu, até hoje, eliminar as demais gravadoras de discos com seu som livre. Vamos abreviar; tal é a perseguição que lhe é movida pelo insaciável SBT que a Globo ficou com a exclusividade apenas de todo o futebol brasileiro e das próximas duas Copas do Mundo. E tudo isso sem veículos que lhe acolha os anúncios, sem recursos para um marketing agressivo, obrigando-os a enormes prejuízos oferecendo brindes para quem lhes assine os veículos, modestos é verdade, apenas aparelhos de televisão ou passagens de avião para qualquer ponto do Brasil.

E, por fim, diz ainda:

Tem razão a Globo, ao afirmar em sua nota, que "a indústria brasileira de entretenimento só pode crescer se for baseada (sic) no respeito à lei e em princípios morais" e "que a sociedade anseia por ética". É verdade. Como sabemos, é altamente moral e ético pagar as multas e assumir os

---

7 Referência ao *Diário Popular*, jornal que pertencia a Orestes Quércia e foi adquirido pelo Infoglobo em 2001, sendo rebatizado como *Diário de S.Paulo*.

processos judiciais de autores sob contrato, para que o SBT não possa contar com um único escritor; é extremamente ético comprar eventos para não exibi-los; aliciar contratados apenas para desorganizar os concorrentes; como sabemos, é extremamente ético vender jornais à custa da desgraça de pais desesperados e de filhas sequestradas.[8] Tudo isto é altamente elogiável, é exemplar. O SBT, enquanto a Globo não for o único veículo, o único empregador, não for o único Poder, o Big Brother que anseia ser, dona da televisão que nos vigiará, até este dia, o SBT continuará trabalhando e derrotando, sem luxo e com modéstia, derrotando o Poder, a Riqueza e a Prepotência, hoje disfarçados em moralistas.[9]

A Globo conseguiu, inicialmente, uma liminar que impediu a exibição da *Casa dos Artistas* no dia 30. Uma mensagem na tela do SBT informou, no horário da exibição:

> Infelizmente não exibiremos hoje o programa *Casa dos Artistas*. A TV Globo, através de liminar concedida pela Justiça, impede o SBT de exibir o programa. Esperamos que a Justiça prevaleça em favor de você, telespectador, para que em breve possamos continuar levando até você um programa de qualidade, como o *Casa dos Artistas*.

Concedida pela 4ª Vara Cível de Osasco (SP), a liminar foi suspensa dois dias depois pelo Tribunal de Justiça de São Paulo. A Globo recorreu, mas a liminar foi negada pelo presidente do TJ paulista. O pedido de reconsideração também foi negado pelo vice-presidente do tribunal. A emissora recorreu ao STJ,

---

[8] Referência ao sequestro de Patrícia Abravanel ocorrido em agosto daquele ano.   [9] Nota enviada à imprensa em 29 de outubro de 2001.

também sem sucesso. O argumento que prevaleceu, defendido pelo desembargador Marcos Andrade, do TJ-SP, foi de que, pela lei brasileira, as ideias não são objeto de proteção e direito autoral – apenas um roteiro não pode ser copiado. Como o *Big Brother* é um programa sem roteiro, com conteúdo imprevisível, não há o que ser copiado. Qualquer versão feita será diferente da outra.

A primeira edição da *Casa dos Artistas* terminou em 16 de dezembro de 2001. O episódio final, que consagrou a atriz Bárbara Paz como vencedora, registrou audiência média em São Paulo de 47 pontos – a maior na história do SBT até hoje. Aproveitando o sucesso, Silvio Santos logo encomendou uma segunda temporada, lançada em 17 de fevereiro de 2002, três semanas depois da estreia, na Globo, da primeira edição do *Big Brother Brasil*. Uma terceira temporada da *Casa dos Artistas* foi ao ar em junho de 2002, e uma quarta, em agosto de 2004. Nenhuma fez o sucesso da primeira. A Globo não desistiu de processar o SBT por plágio e, em junho de 2003, conseguiu uma vitória em primeira instância, confirmada em 2015 no STJ. Ao mesmo tempo, seguiu produzindo o reality, com razoável sucesso. Em janeiro de 2018, estreou a 18ª edição.

### Sem querer querendo

Silvio Santos pouco interferiu na consagradora montagem da exposição em sua homenagem, aberta pelo Museu da Imagem e do Som, em São Paulo, em dezembro de 2016. Além de colaborar com informações sobre a sua trajetória, ele fez apenas um pedido aos curadores. Queria que "Silvio Santos Vem Aí" evocasse três marcos da história do SBT – *Casa dos Artistas*, *Bozo* e *Chaves*.

O reality show, como vimos, representa um marco em vários sentidos. A audiência do programa superou seguidamente a da Globo, e o confronto com a emissora líder ajudou a moldar a imagem do dono da emissora. Para muitos, Silvio Santos foi visto como um Davi, o herói capaz de enfrentar o gigante Golias. Também transmitiu a ideia de que era uma espécie de Robin Hood, o homem com coragem de se apropriar de um formato comprado pelo mais rico e adaptá-lo à moda brasileira para oferecê-lo ao povo.

Já *Bozo* e *Chaves*, dois tipos simples e, de certa forma, toscos, valorizam outras facetas de Silvio Santos. O primeiro, uma franquia americana, foi um marco nos primeiros dez anos da emissora. Dedicado ao público infantil, formou uma geração de "sbtistas" e ajudou a consolidar a imagem do SBT como um canal familiar. O segundo, uma série mexicana, caiu no gosto do público infantojuvenil e está no ar desde 1984. Os direitos de ambos os programas foram adquiridos por iniciativa pessoal do empresário, que enxergou muito além dos seus principais assessores.

*Bozo* estreou em 1980, ainda antes da inauguração do SBT, na TVS (Rio de Janeiro), TV Alterosa (Minas Gerais) e Record (São Paulo). A partir de agosto de 1981, pelo SBT, tornou-se uma atração nacional. Em 1984, já ocupava seis horas diárias, pela manhã, da programação do canal. Foi quando surgiu a piada de que SBT significava "Sistema Bozo de Televisão". A partir de 1986, *Bozo* passou a ser exibido em dois horários – das 8h às 14h e das 16h às 18h, num total de oito horas diárias.

Reza a lenda que o dono do SBT cogitou interpretar, ele mesmo, o personagem. Vivido por diferentes atores, o palhaço interagia com um auditório formado por crianças e, sobretudo, com o público em casa, que tinha um número de telefone para ligar e responder a diferentes provocações do apresentador. Silvio Santos atirou no que viu e acertou em algo que talvez não tenha visto. *Bozo* resolveu um problema imediato, nos primórdios do SBT, que foi o preenchimento da grade matinal, mas acabou conquistando uma enorme audiência, que ajudou a consolidar em pouco tempo a vice-liderança da emissora.

Arlindo Silva enaltece o que ele enxergou como uma jogada de mestre do patrão com *Bozo*: "Ao lançar a estratégia dos desenhos animados, Silvio Santos adotava uma filosofia simples e realista: oferecendo desenhos à criançada, os pais não se atreveriam a mudar de canal. Prendendo a atenção da criança, prendia-se o adulto", escreve. "Na realidade, esse truque de oferecer desenho animado às crianças para prender os adultos foi a primeira grande tacada do SBT em sua estratégia de conquistar a audiência tanto da criança como do papai, da mamãe, da titia e da vovó, isto é, do público de todas as idades."

Em agosto de 2017, foi lançado *Bingo, o Rei das Manhãs*. Dirigido por Daniel Rezende, o filme reconstitui a história de Arlindo Barreto, um dos atores escolhidos para viver Bozo no SBT. Para evitar problemas com os proprietários dos direitos autorais da marca, Bozo virou Bingo no filme. Arlindo Barreto se chama Augusto Mendes (vivido por Vladimir Brichta). E o SBT é a TVP. Curiosamente, não há referência alguma a Silvio Santos no filme.

O outro grande acerto de Silvio, *Chaves*, tem uma trajetória ainda mais impressionante. Adquirido da Televisa em 1984, o seriado encontrou no Brasil o seu público mais longevo e fiel. Exibido há mais de trinta anos, o programa é a cara da emissora – tanto por suas qualidades quanto por seus defeitos.

*Chaves* pegou de jeito crianças nascidas a partir da década de 1970. É um programa que encanta as crianças e faz rir os adultos em parte por sua excessiva simplicidade. É uma opção coerente com o universo que retrata, os moradores humildes de uma vila, mas que também deixa explícita a falta de recursos da produção. É um programa rudimentar, como muita coisa que o SBT fez ao longo de sua história. Também funciona muito bem no seriado o fato de adultos interpretarem os principais papéis de crianças, como o próprio Chaves (Roberto Bolaños), Quico (Carlos Villagrán) e Chiquinha (María Antonieta de las Nieves). No Brasil, esse efeito foi amplificado pelos excelentes dubladores que trabalharam na adaptação.

Chaves conta histórias que não fazem mal a ninguém, de uma grande ingenuidade e leveza. Os fãs enxergam profundidade onde há apenas bom senso, e veem graça na total falta de sentido de alguns ensinamentos, como "prefiro morrer do que perder a vida". Como uma boa comédia de situação (sitcom), *Chaves* tem personagens muito bem desenhados e contou com o talento de Bolaños como roteirista, sempre capaz de desenvolver variações em torno do mesmo tema sem que isso causasse incômodo para os fãs. Ainda assim, é preciso dizer que essa característica também lembra o SBT. *Chaves* repete as mesmas piadas e bordões indefinidamente, com a mesma sem-cerimônia com que a emissora reprisa os episódios do seriado.

*Chaves* é um curinga na mão da direção de programação do SBT. Já trocou de horário infinitas vezes nesses anos todos e, para desespero dos fãs, articulados em fóruns bem organizados, já foi tirado do ar em algumas ocasiões. Mais difícil é a decisão de excluí-lo definitivamente da grade. Na visão de muitos executivos, o seriado não combina com o sonho de o SBT se apresentar como uma empresa moderna. Mas sacar da programação um programa tão amado é uma decisão difícil. Aliás, o SBT explorou e reprisou tanto *Chaves* nesses trinta anos que não chega a ser uma surpresa, do ponto de vista estatístico, que estivesse passando um episódio do seriado quando foi anunciada a morte de Bolaños, em novembro de 2014. "Sem querer querendo", diria o personagem.

Sobre avaliações como esta minha, Silvio Santos poderia repetir um comentário que já fez algumas vezes sobre o papel da crítica de televisão. Reproduzo, por exemplo, o que ele disse a Sônia Apolinário, da *Folha*, em junho de 1991:

> Geralmente eu me preocupo quando a crítica acha bom um produto meu. Quando os críticos dizem que o produto é bom, realmente, vai dar 2 pontos de audiência. O filme *A Escolha de Sofia* ganhou o Oscar. Coloquei na programação e deu 8 pontos de audiência. A crítica elogiou [a novela] *Brasileiros e Brasileiras*. Falou que ia ser sensacional. Deu 5 pontos. Então, a crítica raramente funciona na televisão. Eu não me preocupo com ela, me preocupo com o gosto popular.

Em janeiro de 2018, o Multishow anunciou ter adquirido os direitos de exibição de *Chaves* no mercado de TV por assinatura. O que pode ter levado um dos canais do Grupo Globo a comprar uma série criada no início da década de 1970 e exibida no Brasil desde os anos 1980? A existência de um público cativo, incansável em rever os mesmos episódios inúmeras vezes, e também a crença de que pode haver ainda um novo universo de espectadores a ser cativado por essas histórias. O negócio feito pelo Multishow não afeta o SBT, que continua dono dos direitos na TV aberta.

## Mudando títulos e cortando cenas de filmes

Silvio Santos adora cinema e sempre apostou na exibição de filmes na emissora. Além de dar palpites nas compras de títulos, o dono do SBT também se tornou conhecido por mudar o título de alguns filmes e por editar e cortar, a seu bel-prazer, cenas que não lhe agradavam. Um desses filmes que ganharam novos títulos, buscando causar mais impacto junto ao público, foi *Madame X*, com Lana Turner, exibido no SBT como *Odeio Minha Mãe*.

Em fevereiro de 1988, em entrevista a Cida Taiar, no *Jornal do Brasil*, Silvio contou que censurou alguns trechos do filme *A Escolha de Sofia*, que deu a Meryl Streep o Oscar de melhor atriz em 1983. Sem nenhum constrangimento, ele disse:

> Eu vejo em casa todos os filmes de longa-metragem que vão ao ar pela Semana Dois e também as minisséries, que são mais escolhidas. Vejo com minha mulher e faço os cortes, aqui mesmo, nesta sala. Em *A Escolha de Sofia*, por exemplo, o rapaz pegava a moça, levava para o campo, deitava na grama e ficava lá. Ha, ha, ha! Corta, corta, vamos cortar esse troço. Ele vai com a moça para o campo e, no dia seguinte, aparece dizendo que "foi maravilhoso e tal". Todo mundo já sabe que houve sexo. As cenas fortes chocam e a televisão tem que ser família. A TV americana é familiar. Até hoje, nos concursos de misses, as moças usam maiô inteiro. Não é uma televisão mundana. O mesmo vale para a violência. Nada de sangue. Quer ver sangue, vai ver *Rambo* no cinema. Se aparece o cara baixando o machado sobre outro, eu só mostro sangue depois. Todo mundo sabe que ele morreu. Não é a censura que corta, eu mesmo corto. Faz mal para a gente, é repugnante. Muitas vezes o sexo também é repugnante.

Ao ouvir essa longa explanação, a repórter pergunta: "Você é a favor da censura, então?". Ao que Silvio responde:

> A censura tem que ser uma autocensura. Um veículo de comunicação como a TV tem que ter a sua autocensura. Isso

pode ser visto pela minha filha? Então pode ser visto pelas filhas dos outros. Não sou devasso, sempre tive uma família bem constituída, bem estruturada. Então, se serve para mim, serve para os outros. É simples.

No mesmo mês em que confessou ter censurado *A Escolha de Sofia*, Silvio Santos foi confrontado pelo repórter Roldão Arruda, da *Folha*, que o questionou: "Você cortou uma cena de sexo no filme *A Escolha de Sofia* e disse no ar que o filme era chato. Paralelamente, elogiou *Thunder, o Homem Trovão*, que é um desfile de violências gratuitas". Ao responder, o dono do SBT saiu pela tangente:

> Eu corto as violências maiores. Naquele filme de terror chamado *Amityville* eu cortei a cena em que o cara levanta o machado para cortar alguém. Deixei aparecer o instante em que inicia a ação e depois já aparecia a vítima caída no chão. Precisa mostrar tudo, o sangue jorrando? Também cortei a cena em que o maníaco estupra e mata uma enfermeira. Isso fica para o cinema, que está concorrendo com a televisão em cenas de sexo e sangue.

Dois anos depois, Silvio voltaria a falar desses filmes ao ser questionado sobre a sua visão a respeito do mercado de televisão e desabafaria para a repórter Regina Echeverria:

> Coloco um filme como *Thunder, o Homem Trovão*, que dá 45 pontos, no entanto, os patrocinadores não compram. E ponho *A Escolha de Sofia*, que dá 8 pontos; na mesma hora quatro patrocinadores compram, mesmo sabendo que vai dar 8 pontos e mesmo sabendo que *Thunder, o Homem Trovão* vai dar 45. Não faz mal, ninguém quer comprar. É incrível aceitar isso.

## Grade voadora e gestão de RH

Walter Clark e José Bonifácio de Oliveira Sobrinho, o Boni, estabeleceram a grade da Globo a partir do fim dos anos 1960 com base na ideia de hábito. Ou seja, o espectador deveria ser acostumado a encontrar programas de um determinado gênero sempre no mesmo horário. A base do chamado horário nobre da emissora, estruturada em torno de novela/telejornal/novela, é sempre citada como exemplo maior de grade sólida e bem-sucedida.

Silvio Santos, por sua vez, nunca deu muita importância a isso. Ao contrário. Por enxergar que o SBT deveria encontrar oportunidades nas franjas e falhas da líder de audiência, o dono da emissora jamais se importou em mudar o horário das atrações. O *Programa Livre*, apresentado por Serginho Groisman entre 1991 e 1999, mudou de horário mais de vinte vezes ao longo dos anos.[10] O programa *Charme*, apresentado por Adriane Galisteu entre 2004 e 2008, mudou de horário e de formato pelo menos quinze vezes. Em uma das ocasiões, sendo exibido de madrugada, Galisteu apresentou a atração usando pijama como forma de protesto.

São inúmeras as histórias que mostram o jeito intempestivo de Silvio Santos na gerência da grade da emissora. "No início da TVS no Rio de Janeiro, ele ligava o tempo todo para alterar a grade, mudar atrações ou aprovar compras. Uma vez contamos 24 telefonemas num dia, isso das nove da manhã às seis da tarde", conta Roberto Manzoni, o Magrão, a Flávio Ricco e José Armando Vannucci. Em meados de 2017, o SBT chegou a anunciar a estreia de um telejornal para o dia seguinte

---

[10] O número exato de mudanças é controverso. Arlindo Silva, o biógrafo oficial de Silvio, observa que o *Programa Livre*, "apesar de mudar de horário dezenas de vezes, sempre obteve ótimos índices de audiência".

e, quatro horas depois do aviso, informou que o programa havia sido cancelado.

A própria trajetória de Boris Casoy pelo SBT é marcada pela forte interferência de Silvio Santos – inicialmente de forma positiva e, a partir de certo ponto, levando à saída do jornalista do canal. Casoy representou um primeiro investimento de peso no jornalismo. Âncora do telejornal *TJ Brasil*, lançado em agosto de 1988, ele foi o primeiro – e talvez único – jornalista da emissora a ter liberdade para dar a sua opinião no ar. Introduziu os bordões "isso é uma vergonha!" e "precisamos passar o Brasil a limpo", distribuindo críticas a políticos variados no programa.

Em janeiro de 1990, em entrevista a Regina Echeverria, no *Estadão*, Silvio explicou a autonomia concedida a Casoy:

> É uma autonomia dentro de um contrato de trabalho que foi firmado com o Marcos Wilson [então diretor de jornalismo], de respeito às normas que foram estabelecidas pela empresa e pelo próprio Marcos Wilson. O Boris Casoy tem se saído bem, porque consegue fazer um equilíbrio, ele não critica só. Ele elogia também. Aliás, hoje ele está com prestígio por causa dessa virtude que ele tem, não só criticar. Ele balanceia bem. Estamos contentes com o nosso jornalismo.

Até junho de 1997, quando Casoy trocou o SBT pela Record, o *TJ Brasil* mudou de horário mais de vinte vezes. A saída do jornalista teve origem em um episódio curioso, que relatei, na época, na *Folha*.[11] Como Casoy não apresentava o *TJ Brasil* aos sábados, Silvio Santos disse que gostaria de alterar o programa

---

11 "SBT muda programação e estrutura administrativa", *Folha*, 10 de julho de 1997.

nesse dia, colocando Eliakim Araújo e Leila Cordeiro como apresentadores. Casoy respondeu que a entrada do "casal 20" (como Leila e Eliakim eram chamados até mesmo por Silvio Santos) no seu horário, aos sábados, significava uma quebra de compromissos. "É como um assinante da *Folha*, em vez de receber o jornal, receber o *Notícias Populares* aos domingos", teria dito Casoy a Silvio Santos.

O empresário disse a Casoy que considerava o *TJ Brasil* muito sério – o que o jornalista entendeu como crítica, mas que Silvio Santos, numa segunda conversa, um mês depois, disse ter sido um elogio. Nessa segunda conversa, Casoy formalizou a sua saída do SBT. O episódio gerou uma espécie de anedota na emissora, contada por Guilherme Stoliar e Luciano Callegari, dois dos principais assessores de Silvio naquela época. Ambos diziam que enquanto Casoy tratava com eles de todos os assuntos relacionados ao *TJ*, o jornalista não tinha problemas no SBT. No momento em que Silvio Santos disse "deixa comigo", Casoy saiu da emissora.

O jornalista inaugurou o *TJ Brasil* em 29 de agosto de 1988 e o apresentou pela última vez em junho de 1997. Foi substituído por Hermano Henning, mas em dezembro daquele ano o telejornal foi extinto. Era o início do que Daniel Castro e Cristina Padiglione classificaram, em reportagem na *Folha* publicada no último dia de 1997, como "a transformação mais radical já ocorrida no SBT". "Em 98, o empresário deve dar a sua 'cara' ao SBT, ou seja, mais shows, mais programas de auditório e mais dramalhões, em detrimento do jornalismo e do esporte", escrevem.

Foi exatamente o que aconteceu. Olhando à distância, vinte anos depois, eu acrescentaria apenas que não foi o início de uma nova era, mas o fim de um interlúdio, um breve período em que o SBT fugiu um pouco de suas características, do seu DNA, e foi uma emissora diferente. Esses dez anos (1988-1997) representam uma época em que a emissora fez um claro investimento em qualidade e ganhou, em troca, respeito e credibilidade. Além de todo o esforço na área do jornalismo, foi também o momento em que Jô Soares aceitou o convite de Silvio Santos para deixar a Globo e apresentar um talk show.[12] O programa trouxe novo público e foi um marco no período do impeachment do presidente Collor, levando para o SBT, a convite do Gordo, políticos de todos os partidos, intelectuais e artistas que jamais haviam pisado na emissora.

Em defesa de Silvio, pode-se dizer que a gestão errática da grade do SBT não poupou nem mesmo a sua família. Em agosto de 2004, a filha Silvia Abravanel estreou como apresentadora, ao lado de Décio Piccinini, comandando uma atração que exibia entrevistas com artistas, quadros sobre a história da emissora e resumos dos capítulos das novelas da casa. Algo semelhante ao *Vídeo Show* da Globo. Chamava-se *Programa Cor-de-Rosa* e durou exatamente três meses, entre agosto e novembro de 2004, sendo cancelado por decisão do dono da emissora.

Esse mesmo estilo se reflete na gestão de pessoal. Em diferentes situações, Silvio Santos mandou recontratar funcionários demitidos sem a sua autorização. Ricco e Vannucci contam, por exemplo, a história de um motorista, chamado Palito, cuja função principal era arrumar a posição do carro de Silvio Santos depois que o Patrão o estacionava:

> Ao chegar para a gravação, como sempre fazia, [Silvio] solicitou os serviços de seu fiel escudeiro, e alguém o informou da dispensa, realizada conforme a decisão dos

---

[12] *Jô Soares Onze e Meia* estreou em 16 de agosto de 1988 e foi exibido pela última vez em 31 de dezembro de 1999.

diretores de sua emissora. "Tudo bem, quando recontratarem o Palito eu volto", disse o apresentador a um dos integrantes da produção do programa que deveria ser gravado nas próximas horas. O ilustre funcionário, claro, foi recontratado minutos depois.

A rescisão do contrato de Raul Gil, ocorrida em dezembro de 2016, também se tornou folclórica. O próprio Raul me contou esse episódio em uma entrevista feita em outubro de 2017:

> A última vez que estive com Silvio foi muito bom. Fiquei uma hora com ele, no camarim. Apesar de que foi para rescindir o contrato. Não sei por que razão. Ele falou: "Eu vou parar o seu programa". "Você que sabe", respondi. "Amigo, você é o Silvio Santos. É dono da Tele Sena, é dono do Baú, é dono do SBT. Você é dono de tudo! Faz o que você quiser!" Aí, um mês depois, lá dos Estados Unidos, ele voltou atrás.

No fim de 2017, um episódio quase idêntico foi protagonizado por Carlinhos Aguiar, que participava de um quadro bem-sucedido, "O Jogo dos Pontinhos", no *Programa Silvio Santos*. Em 13 de novembro, o artista foi informado de que o seu contrato seria rescindido por contenção de despesas. No dia seguinte, na companhia do filho, Carlinhos foi até a porta do salão do cabeleireiro Jassa para falar com Silvio. O dono do SBT não gostou da abordagem: "Ele desceu do carro e falou: 'Oi, Carlos, bom dia. Você está fazendo o que aqui?'. E me dispensou", contou o artista, ressentido. Em 11 de janeiro de 2018, sem maiores explicações, foi recontratado. "Silvio foi digno. Ele abriu a porta de novo e disse: 'Filho, entre que a casa é sua'. Deus abençoe ele. Fico feliz por ele ter se lembrado de mim", contou Carlinhos ao repórter Paulo Pacheco, do UOL.

## "Só tenho mais seis anos de vida"

Em 10 de julho de 2003, uma quarta-feira, a revista *Contigo!* chegou às bancas com uma capa bombástica. Ela trazia uma foto de Silvio Santos empurrando um carrinho de supermercado, ao lado do título: "A vida anônima nos EUA". Abaixo, três chamadas: "Entrevista exclusiva: ele provoca, brinca e chora ao falar do futuro". "Estou doente e tenho mais seis anos de vida." "Vendi o SBT para a Televisa e o Boni." E no pé, em letras menores, mais uma chamada, que informava: "À reportagem de *Contigo!*, Boni nega negociação e família desconhece doença".

O desmentido, lógico, não esvaziou o impacto das declarações à repórter Ana Carolina Soares, que conversou com Silvio por telefone duas vezes, entre os dias 5 e 8 de julho. Ele estava em sua casa em Celebration, na Flórida.

*Contigo!*: O senhor pretende se mudar de vez para Celebration?
Silvio: Sim. Vou ficar aqui até a minha morte (pausa). Que aliás já foi declarada.
*Contigo!*: Morte declarada?
Silvio: Ah, você não sabe? No ano passado, fui ao Medical Center, em Miami, e eles declararam que só tenho mais seis anos de vida. Estou com um problema gravíssimo nas artérias do coração. E eles me disseram que, de agora em diante, só preciso descansar (pausa).
*Contigo!*: Doença grave?
Silvio: Vocês da imprensa são inacreditáveis. Quando a gente fala a verdade, não acreditam. E estou falando a verdade.

Sobre a venda do SBT, Silvio Santos disse que as negociações estavam em andamento. "Pedi um bilhão de reais e eles não tinham essa verba. Mas as negociações não terminaram. Eles ficaram de levantar a verba. Vou vender mesmo. Já que vou ficar aqui, esperando a minha morte, alguém tem de assumir o controle do grupo", afirmou.

Na segunda conversa, a repórter pediu mais detalhes. "Mas qual o nome da doença?", quis saber. "É uma doença nas coronárias, se chama Ataque do Coração em Seis Anos (em tom irônico)." Sobre a venda do SBT, disse:

> Você sabe que eu já vendi minhas ações do SBT para a Televisa e para o Boni. Cada um deles vai pagar 1 bilhão de reais. Serão 2 bilhões de reais. A Televisa parece que vai pagar semana que vem. O Boni vai esperar um pouco mais, mas vai pagar também.

De acordo com a reportagem, Silvio afirmou que não voltaria mais para o Brasil porque havia encontrado em Celebration "a paz e tranquilidade" de que precisava para "esperar a morte". Seu último desejo, de acordo com a revista, era que todas as publicações brasileiras saíssem com uma tarja preta no dia de sua morte, em sua homenagem. Silvio chegou a sugerir um enunciado para a capa da revista: "Pode botar na capa: 'Silvio Santos espera a morte'. Vai vender muito".

Procurada pela revista *Quem* para comentar as declarações assim que foram publicadas, a editora da *Contigo!*, Vanessa Cabral, afirmou: "Não sabemos o motivo da brincadeira. Nem sabemos exatamente o que é ou não brincadeira". Na *Folha*, no dia seguinte, um dos editores da *Contigo!*, Kike Martins da Costa, disse que a entrevista foi publicada na íntegra para deixar claro o tom irônico. "Achamos que ou Silvio está perdendo a razão ou está tentando tirar algum dividendo, mas não sabemos qual."

Na época em que a entrevista foi publicada, circulavam informações e boatos a respeito do eventual interesse de Silvio

Santos em vender o SBT. Segundo J.B. Oliveira, o Boninho, filho de Boni, a declaração do empresário à *Contigo!* deveria ser entendida nesse contexto: "Acho que o SBT nem vale essa quantia [2 bilhões de reais]. Falar nesse preço é uma jogada. Ele é esperto, deve estar negociando e quer subir o preço. Para mim, é marketing".

No domingo, 13 de julho, a *Contigo!* publicou um anúncio de meia página na *Folha* reproduzindo a capa com Silvio Santos e festejando: "Quer saber antes? Consulte a fonte". Ao lado do título, uma mensagem: "A verdade sem retoques". Ao lado das chamadas sobre o estado de saúde e a venda do SBT, a seguinte observação: "A entrevista irônica e bombástica que parou o Brasil". E também: "É o jornalismo sério, competente e investigativo da *Contigo!* trabalhando para colocar você à frente da notícia".

Na segunda-feira, dia 14, o SBT publicou uma "nota de esclarecimento" em *O Estado de S. Paulo*. Ocupando uma página, o anúncio informava que Silvio Santos se encontrava "em gozo do melhor de sua saúde" e que estava em férias com a família, como era o seu desejo pessoal:

> Sobre a entrevista dada à revista *Contigo!*, é fácil se concluir que nela prevaleceu o tom de humor, ironia, com doses de fantasia. A própria matéria da *Contigo!* aponta em vários trechos o tom de brincadeira das declarações de Silvio Santos. E quem teve acesso ao áudio da mencionada entrevista, se convence de que o artista viveu um momento de descontração e bom humor.

A nota ainda dizia:

> São contrastantes alguns fatos, que corroboram esta versão e que põem por terra qualquer outra interpretação: a)

As fotos da própria reportagem, mostrando o apresentador em ótimo estado de saúde, se contrastando com a possibilidade de alguém doente, preso a uma cadeira de rodas; b) As colocações feitas pelo próprio Silvio a respeito de seu estado de saúde, se contrastando com o mínimo conhecimento médico, de que não é uma rotina se fazer transfusão de sangue em casa, ou ainda que transfusões de sangue sejam usadas para tratar de problemas cardíacos. Muito menos aceitar como séria a previsão médica de tempo de vida; c) Fácil deduzir a jocosidade e simplicidade com que o entrevistado menciona a "venda do SBT", se contrastando com o limite expresso na lei número 10.610/02, que regulamenta a venda a estrangeiros de até 30% do capital acionário de emissoras de Rádio e Televisão, bem como a morosidade de um processo de transferência que exige a autorização prévia dos órgãos governamentais.

Ao final, o desmentido confirmava que havia conversas com o objetivo de negociar o SBT:

> É certo que o SBT – Sistema Brasileiro de Televisão, uma das empresas do Grupo Silvio Santos, um dos mais sólidos grupos do país, seja visado rotineiramente no mundo dos negócios. A decisão sobre seu futuro depende da vontade de seu acionista majoritário e das eventuais oportunidades interessantes que possam surgir deste mercado. Até lá, as propostas vindas com este propósito serão analisadas com o mesmo interesse e atenção.

O próprio Silvio Santos, falando por telefone com Gugu Liberato, no programa *Domingo Legal*, pediu desculpas pela confusão e pelas "dores de cabeça" que causou: "Peço desculpas pela brincadeira. Não imaginava que a revista fosse publicar a entrevista. Foi uma brincadeira de mau gosto que não saiu como eu queria. Felizmente estou bem de saúde".

O nonsense dessa capa da *Contigo!* não constitui um exemplo único. Silvio manifestou pouco-caso com o impacto de seus gestos e palavras em outras ocasiões. Uma das situações mais famosas data de 1971, quando apareceu careca, por obra de uma montagem, na capa da revista *Melodias*, então dirigida por Plácido Manaia Nunes (1934-2007).

O jornalista, com uma carreira associada à cobertura do universo de celebridades e televisão, foi o criador do Troféu Imprensa. A premiação surgiu, originalmente, do desejo de escolher os melhores da televisão de forma independente, sem vínculo com nenhum canal. O júri era formado exclusivamente por jornalistas – daí o nome do prêmio. A primeira edição do prêmio ocorreu em 1960. Em 1969, a cerimônia de premiação foi apresentada por Silvio Santos, na TV Tupi. E, por razões nunca bem explicadas, a partir do ano seguinte, o Troféu Imprensa tornou-se uma "propriedade" de Silvio Santos, acabando com a sua independência. A biografia oficial de Silvio diz que Manaia Nunes "cedeu os direitos" do prêmio, mas não há informações sobre como se deu essa cessão. O fato é que o criador do prêmio se tornou jurado vitalício, participando de todas as edições, até a do ano anterior ao seu falecimento.

Em 1971, Manaia Nunes publicou a famosa capa de *Melodias* na qual Silvio aparece careca. Arlindo Silva, na segunda biografia que escreveu sobre Silvio, apresenta a versão que se tornou oficial do episódio. Diz ele que a revista estava com dificuldades financeiras e "ameaçava fechar". Convidado a assumir a direção da publicação, o criador do Troféu Imprensa teve a ideia. "Para aumentar sua vendagem, era preciso criar um assunto de impacto", escreve Arlindo. "Foi aí que ele conversou com Silvio Santos, expôs o problema e Silvio autorizou a publicação de uma capa dele, completamente careca, uma montagem muito bonita, muito bem desenhada."

A capa trazia o seguinte enunciado: "Silvio Santos é careca, fez plástica e não é casado". Não é uma chamada muito diferente de outras que a revista publicou entre os anos 1960 e 1970, cativando os leitores com uma cobertura sem compromisso algum com a objetividade. Silvio Santos é personagem frequente. Em agosto de 1967, por exemplo, ele está em uma capa que traz a seguinte chamada: "Silvio Santos adere ao casamento". No interior da revista, o leitor é informado de que o apresentador estreou um novo quadro em seu programa, chamado "Casamento na TV". A capa com a chamada "A verdade sobre Silvio Santos e Wanderléa" traz uma fotonovela, protagonizada pelo apresentador e pela cantora. E por aí vai a publicação, sempre com títulos apelativos, cômicos ou enigmáticos, que anunciam: "Por que Antonio Marcos cortou os cabelos?", "Paul McCartney não morreu", "As curvas na vida de Roberto Carlos", "Qual é o segredo de Claudio Marzo e Regina Duarte?", "O fracasso de Chico Buarque", "Erasmo Carlos: quero um filho, mas sem casar".

Segundo Arlindo Silva, a capa de *Melodias* com Silvio careca foi um sucesso. "A revista, que vendia menos de 100 mil exemplares, tirou várias edições sucessivas até atingir a soma de 500 mil exemplares. Com isso, a revista se firmou, ganhou público novo e se salvou", escreveu ele, imprimindo mais uma lenda na conta do Patrão. *Melodias* deixou de circular em 1977.

### Campeão da vice-liderança destronado

Na confortável posição de "campeão da vice-liderança" por mais de vinte anos, o SBT perdeu o título em 2007, atropelado pela Record. As razões para essa inversão de posições são várias e podem ser encontradas nos dois campos da disputa. Do lado da emissora de Edir Macedo, é preciso destacar que se tratava de um objetivo claro. Depois de comprar o canal em 1989 e reestruturá-lo, o fundador da Igreja Universal lançou em 2004 o ambicioso slogan que anunciava os seus objetivos: "A caminho da liderança". Fez algumas contratações de peso, como a de Tom Cavalcante, reformulou a grade, lançou programas como *Domingo Espetacular* e *Tudo a Ver*, e investiu em jornalismo e em novelas, recorrendo a atores de menor expressão do elenco da Globo. Por não esconder que estava mirando a grade da líder de audiência como espelho, a Record ganhou o apelido de "Recópia".

A emissora começou a subir a ladeira em meados dos anos 1990, praticamente no mesmo período em que Silvio Santos sentiu no bolso o peso do investimento, avaliado em mais de 100 milhões de dólares, feito na construção da nova sede do SBT, na Anhanguera. No fim da década de 1990, Silvio realizou uma série de mudanças de impacto na empresa: afastou diretores que o acompanhavam havia décadas, como Luciano Callegari e Guilherme Stoliar, deixou, como vimos, Boris Casoy rumar para a concorrente, cancelou o *TJ Brasil*, o programa de maior prestígio da emissora, enxugou o departamento de jornalismo, contratou Ratinho, então na Record, e investiu em uma série de programas de apelo popular. "Queremos parar de competir com a Globo naquilo que ela faz melhor, telenovelas e programas jornalísticos", disse Silvio a Ricardo Valladares, da *Veja*, em fevereiro de 1998.

A decisão se mostrou errada. Em 2011, ao avaliar a ultrapassagem feita pela Record, o executivo Luiz Sandoval, que foi presidente do Grupo Silvio Santos entre 1983 e 2010, reconheceu parcialmente a culpa do SBT – e creditou parte do sucesso da concorrente aos seus recursos financeiros. Sem citar Silvio Santos, Sandoval vai ao ponto ao criticar erros de programação da sua emissora no livro em que relembrou os 28 anos que trabalhou na empresa:

> O SBT, até o ano 2000, gozava tranquilamente de uma cômoda segunda posição, com sua audiência superior à soma das demais redes, excluindo a Globo. A administração da empresa não avaliou adequadamente o crescimento da Rede Record, impulsionado pelo "caminhão" de dinheiro da Igreja Universal do Reino de Deus. No final de 2009, a Record passou o SBT, tomando-lhe o segundo lugar. O SBT não fez as mudanças necessárias em sua programação como resposta ao crescimento da Record, que apostou no segmento de telenovela, com audiências superiores a 10 pontos.

A partir de 2012, com o investimento em um novo segmento, o de novelas infantis, o SBT voltou a disputar a vice-liderança com a Record. Desde então, as duas emissoras têm se alternado na posição, normalmente por poucos décimos no Ibope. Os slogans "Campeão da vice-liderança" (SBT) e "A caminho da liderança" (Record) se tornaram peças de interesse histórico para pesquisadores. Em fevereiro de 2018, o *Programa Silvio Santos*, exibido aos domingos entre 20h e meia-noite, representava a maior audiência semanal do SBT, seguido pela novela infantil *Carinha de Anjo*.

## "Consegui ser dono de uma rede de TV por acaso"

Em 2000, nas comemorações dos cinquenta anos da televisão no Brasil, a editora Globo publicou o livro *50/50*, uma coletânea organizada por Boni. O livro traz cinquenta depoimentos de figuras proeminentes nas primeiras cinco décadas da TV no país. Silvio Santos, com justiça, assina um dos textos. Surpreendente desde o título ("Não me preocupo com dinheiro"), o depoimento apresenta uma nova versão para a sua trajetória empresarial.

"Consegui ser dono de uma rede de televisão por acaso, não foi uma coisa perseguida por mim. Sempre achei que alugar horários era o mais conveniente para vender os produtos das minhas empresas."

Se você chegou até aqui, deve ter estranhado essa observação de Silvio. Com razão. Em duas frases, ele ignora tudo o que disse e todo o enorme esforço que fez ao longo das décadas de 1970 e 1980 para conseguir a propriedade de canais de televisão.

Em outra passagem desse texto no livro *50/50*, Silvio diz:

> Certa ocasião me disseram que os empresários de televisão não iam mais me alugar horários. O Moisés Weltman[1]

[1] Autor da lendária radionovela *Jerônimo, o Herói do Sertão*, transmitida originalmente na década de 1950 e levada à televisão (Tupi) em 1972, Moysés Weltman (1932-1985) escreveu, também, entre outras, as novelas *Rosinha do Sobrado*, *Padre Tião* e *O Rei dos Ciganos*. Dirigiu a revista *Amiga* e foi diretor do Estúdio Silvio Santos, no Rio.

foi quem primeiro sugeriu que eu entrasse numa licitação para ter uma emissora de televisão e eu ganhei a TV Corcovado, no Rio. Ao mesmo tempo, comprei 50% das ações da TV Record.

Nesse caso, aparentemente, Silvio comete uma injustiça e faz uma grande confusão. Todas as biografias e relatos do próprio empresário garantem que Roberto Marinho nunca deixou de alugar horários para Silvio – quem desejava interromper a parceria, no início da década de 1970, eram os executivos da emissora, Walter Clark e Boni, fato confirmado pelo segundo a mim. As ações da Record foram adquiridas em 1972 por meio de um testa de ferro. Três anos depois, ele ganhou a concessão do canal 11 no Rio, que virou TVS. Esse outro canal, que foi chamado de TV Corcovado, era da antiga TV Continental, canal 9, e foi concedido a Silvio em meio ao pacote obtido em 1981, que deu origem ao SBT.

Em outra passagem que mais confunde do que esclarece, Silvio acrescenta: "Depois, por sugestão do ministro Golbery, eu devia concorrer a uma licitação, porque ele achava que a competição ficaria mais acirrada e verdadeira. Concorri, consegui vencer e me tornei dono de uma rede nacional de televisão". De fato, inúmeros relatos indicam que o então ministro Golbery do Couto e Silva apoiou a intenção de Silvio Santos, mas a frase coloca o empresário numa posição passiva, muito diferente da que ele adotou no período.

Destaco ainda duas passagens surpreendentes desse depoimento:

> A mim não importa qual seja a colocação da minha rede de televisão no Ibope, o que me importa é que ela chegue ao final de cada ano com um resultado que me permita pagar aos meus funcionários e aumentar o número de empregos.

[...]
O Silvio Santos nunca esteve preocupado com dinheiro, porque, quando o Silvio Santos tinha catorze anos e era camelô, já ganhava três salários mínimos por dia... muito mais do que precisava.

Silvio Santos dizer que não se importa com Ibope nem com dinheiro chega a ser cômico. Ambas as afirmações são desmentidas por todos que trabalharam e trabalham com ele no SBT.

Destaco esse depoimento apenas para chamar a atenção para a dificuldade envolvida em qualquer pesquisa sobre Silvio Santos. Nenhum outro empresário de comunicação, com exceção talvez de Assis Chateaubriand, se expôs publicamente tanto quanto ele. Mas também nenhum outro dono de televisão alimentou tantos mitos e disseminou tantas informações incompletas ou erradas a respeito de si próprio. Para piorar, Silvio Santos já foi objeto de seis biografias, e nenhuma delas questiona ou destaca furos, lapsos, erros ou, simplesmente, mentiras ditas ou escritas a respeito do dono do SBT.

A série de reportagens que Arlindo Silva escreveu em *O Cruzeiro* em 1972, agrupadas no livro *A vida espetacular de Silvio Santos*, publicado no mesmo ano, termina com um capítulo intitulado "A Fundação Silvio Santos". Fugindo um pouco ao estilo do resto do livro, o autor reproduz literalmente, sem interferências, uma longa explicação do empresário. Começa assim:

> Por fim, surgiu a necessidade de dar alguma coisa ao povo que tanto nos deu. Vamos fazer uma fundação. Vamos fazer um hospital, uma maternidade e um centro de gastrenterologia. Talvez tenha o nome de Fundação Silvio Santos, ainda não sei, mas de qualquer forma ela existirá. Essa

Fundação pretende ter uma área de 20 mil metros quadrados e a construção de 6400 metros quadrados. Isso tudo custará muito e disporá de uma das melhores maternidades e um dos mais modernos centros gastrenterológicos da América do Sul. O hospital terá, provavelmente, 150 leitos, para atender indigentes e pessoas pobres, o mesmo ocorrendo com a maternidade e o centro gastrenterológico.

Silvio segue descrevendo seus planos para a fundação e explica como ela será mantida. "Vamos colocar algum dinheiro em um fundo ou então em letras de câmbio para que o próprio rendimento desse fundo ou das letras de câmbio mantenha o hospital." Diz que cogitou fazer também um pronto-socorro e um hospital infantil, mas desistiu dessas duas ideias. O primeiro porque "achamos que é algo muito deprimente, com muito desastre, muito sangue, até mortes". E o segundo "também consideramos que seria um local de muitos dramas infantis, porque qualquer drama envolvendo criança nos choca". Decidiu, então, incluir no projeto uma maternidade, "porque não há quem não saia feliz de uma maternidade".

Não poderia haver maneira mais edificante de encerrar *A vida espetacular de Silvio Santos* do que com esse projeto. Mas, sabemos, a Fundação Silvio Santos nunca foi nada além de um capítulo na grande reportagem de Arlindo Silva. Por quê? Não é possível que fosse apenas imaginação ou papo-furado. Parece claro, em 1972, que o empresário pensava em deixar algo, em "devolver" ao povo um pouco do que recebeu nos seus primeiros anos de trabalho.

Em 2000, ao lançar *A fantástica história de Silvio Santos*, na qual republica o livro de 1972 e avança, contando inúmeras outras histórias sobre o apresentador, Arlindo Silva julga importante oferecer uma explicação sobre as razões que levaram a Fundação Silvio Santos a nunca sair do papel.

Segundo o jornalista, Silvio apresentou o seu projeto a Olavo Setúbal à época em que o banqueiro foi prefeito de São Paulo (1975-1979). E teria ouvido dele:

A ideia é maravilhosa pelo seu valor humanitário. A prefeitura dá o terreno. Mas esse projeto pode representar um grande risco para a imagem do Grupo Silvio Santos. Pacientes virão de todos os cantos do Brasil "para se tratar no Hospital do Silvio Santos". Aí entra o aspecto místico que envolve o ídolo popular. Uma falha em um diagnóstico, um bebê que venha a morrer por uma fatalidade – coisas que podem acontecer em qualquer hospital – seria um prato cheio para os jornais sensacionalistas. Porque o Hospital do Silvio Santos não pode falhar.

Segundo Arlindo, ao ouvir esse conselho que Setúbal teria lhe dado, Silvio desistiu da fundação. Para sempre. Confesso que não consigo entender. Por que, em vez de desistir, Silvio não reformulou o projeto? Por que não investiu, por exemplo, em educação? Ou em algum outro projeto social significativo? Publicamente, o único investimento beneficente conhecido que Silvio faz, já há vinte anos, é o Teleton.[2]

Arlindo revela que, ao desistir de erguer uma fundação, Silvio resolveu ganhar dinheiro com uma ideia correlata. Comprou uma empresa de medicina de grupo, o Clam, que tinha cerca de 2500 associados e, após maciça propaganda no

---

[2] Em 1998, o SBT apresentou o Teleton pela primeira vez. Trata-se de uma maratona televisiva, de quase 25 horas, durante a qual Silvio Santos e outros artistas estimulam doações em benefício da Associação de Assistência à Criança Deficiente (AACD). A cada ano é estabelecida uma meta maior e, além dos espectadores, inúmeras empresas fazem doações significativas. Em 2017, o valor arrecadado passou de 29 milhões de reais. Todo o trabalho durante a maratona é voluntário, e o SBT, neste dia, não fatura nada com publicidade.

*Programa Silvio Santos*, passou a ter 45 mil. Depois de alguns anos, porém, ele vendeu a empresa à Blue Life.

Silvio conta que resolveu vender o negócio após encontrar na porta de sua casa um casal. "Seu Silvio, meu filho morreu", disse a mulher. "Como?", perguntou Silvio. "Nós temos o Clam, mas ele morreu", respondeu ela. Na entrevista a Marcos Wilson e Luiz Fernando Emediato, em 1987, o empresário relata que o caso o levou à seguinte reflexão: "Fiquei pensando: quando a pessoa vem reclamar que recebeu uma panela furada do Baú, que um funcionário vendeu título de capitalização e mentiu, eu mando devolver o dinheiro. Mas o que fazer quando um freguês vem reclamar que seu filho morreu?".

Todos que convivem ou conviveram com Silvio fora do palco da televisão repetem a impressão sobre a sua praticidade, frieza e raciocínio rápido para os negócios. Mais de uma pessoa com quem conversei reproduziu a ideia de que a maior vaidade de um vendedor como Silvio é conseguir manter os olhos de todos fixados nele. De camelô a apresentador de televisão, sempre foi assim, em todas as atividades que desenvolveu.

Pode ser chocante para alguns, como eu, ouvir o empresário se referir à mãe de uma criança que morreu como "freguês", mas é disso que trata na relação entre o dono de um plano de saúde e os seus associados. E uma mãe abalada pela morte do filho não vai, de fato, jamais olhar com admiração para o homem que lhe vendeu a assistência médica.

### A mãe de todos os assistencialismos

No lugar de criar uma fundação ou algum projeto mais sólido de caráter social, Silvio sempre apostou no assistencialismo. Como muitos outros donos de emissoras, aliás. Já nos anos 1960, notou-se que ajudar um espectador com caridade ou sugestão de melhora de vida, oferecendo um brinde, uma ajuda para reformar a casa ou mesmo uma doação em dinheiro era um grande chamariz de audiência. Silvio não inventou o assistencialismo na televisão, mas merece o crédito por ter aperfeiçoado a técnica de explorar a miséria alheia. Ele transformou isso numa brincadeira que, no fundo, ri da própria situação absurda que mostra na TV.

O apresentador inventou a mãe de todos os assistencialismos. Ou há algo mais básico e primário do que jogar notas de dinheiro para o alto, deixando que as colegas de auditório se estapeiem por elas? O apresentador começou a jogar notas dobradas em forma de aviõezinhos no programa *Tudo por Dinheiro*, exibido entre 1986 e 1990. Prosseguiu com a brincadeira no *Topa Tudo por Dinheiro*, apresentado entre maio de 1991 e outubro de 2001. E segue com o ritual até os dias atuais em seu *Programa Silvio Santos*. O blog Oráculo, da revista *Superinteressante*, estimou que, até maio de 2014, o apresentador já havia arremessado 34 800 aviões, com notas de vinte, cinquenta e cem reais, num total de R$ 1,972 milhão de reais.[3]

Em períodos de inflação e crise econômica, ninguém se importava muito com a brincadeira. Mas depois da implantação do real, em 1994, houve protestos. "Eu quero mais uma vez lembrar aos senhores telespectadores que não está havendo nenhum desrespeito com o dinheiro. O real, cada vez mais valorizado, não é estragado", informou Silvio, no auditório, em meados da década de 1990, mostrando um aviãozinho (de dez reais).

Vocês podem imediatamente tirar essa colinha que está aqui e aí abre a nota. A nota fica perfeita. As pessoas que estão mandando carta dizendo que é desrespeito com o real...

---

[3] Blog Oráculo: <https://super.abril.com.br/blog/oraculo/quantos-reais-silvio-santos-ja-arremessou-na-tv/>.

não há nenhum desrespeito. O aviãozinho é feito de uma forma que não estraga o real.

Nessa mesma tarde, para não perder o hábito, Silvio bajulou o governo ao encerrar a explicação:

Para evitar que estas pessoas que não têm o que fazer fiquem escrevendo cartas dizendo que estamos desrespeitando o real, quando nós estamos com a maior parte do povo achando que o real é uma moeda forte e que, por ser forte, também pode ser dada, entregue aos meus telespectadores através de aviõezinhos.

Responsável por confeccionar os aviõezinhos, cerca de 150 por semana, Jorge Assis de Souza sempre afirmou que a ideia da brincadeira foi do próprio Silvio. Seu Assis, como é conhecido, apenas a aperfeiçoou, colando um pedaço de fita durex para fixar as notas. "De dez reais não faço mais porque o Silvio acha pouco. Não compra nem uma bala, né?", contou ele a Keila Jimenez, em 2011. Funcionário de Silvio desde 1971, seu Assis não quis revelar seu salário para a repórter. Mas observou: "Os aviõezinhos que faço são muito mais do que ganho".[4]

Em janeiro de 2016, Silvio levou uma unhada no queixo de uma espectadora após atirar notas de dinheiro para o alto. Diante de um pequeno sangramento, ele disse: "Estou morrendo, estou morrendo. Me deem um esparadrapo. Mas será possível? Acabou. Não jogo mais dinheiro para vocês". A gravação não foi interrompida e a cena, claro, foi exibida no programa.

---

4 Desde 2016, além dos aviõezinhos, Silvio tem distribuído dinheiro de uma outra forma: uma máquina que ele batizou de "revólver da fortuna", que atira várias notas ao mesmo tempo para a plateia.

Constrangimento maior ocorreu em 28 de janeiro de 2018, quando Michel Temer, na condição de presidente, foi ao programa de Silvio promover a proposta de reforma da Previdência. Por quinze minutos, ambos procuraram convencer o espectador da necessidade de aprovar as mudanças no sistema previdenciário. O dono do SBT recorreu ao argumento mais alarmista – o de que em alguns anos não haverá mais dinheiro para pagar os aposentados. Ao final, Temer tomou a palavra e disse: "Eu vou fazer uma coisa que você faz com as suas colegas de trabalho. Eu vou passar um dinheiro pra você", disse, entregando uma nota de cinquenta reais a Silvio. "Ganhei cinquenta? Ganhei cinquenta! Ganhei cinquenta! Ha, ha, ha", respondeu, rindo, o dono do SBT.

O pagamento de brincadeira, evidentemente, evocou a possibilidade de que aquela seria uma ação paga, pela qual a emissora estaria recebendo para fazer publicidade da reforma da Previdência. O SBT negou e justificou a presença do presidente lembrando novamente que não foi a primeira vez que Silvio Santos recebeu "líderes públicos para explicar ao povo brasileiro projetos e ações que são considerados importantes para a vida da população". Os dois exemplos citados foram a participação de Zélia Cardoso de Mello, então ministra da Fazenda no governo Collor, em 1990, e de Fernando Henrique Cardoso, então ministro da Fazenda no governo Itamar, em 1994.

Zélia foi ao SBT explicar o confisco da poupança, uma das primeiras e mais traumáticas medidas do governo Collor. Já FHC foi falar sobre a criação da URV, unidade de referência utilizada na transição do cruzeiro real para o real. Nas duas situações, os ministros buscaram dar satisfações sobre medidas que já haviam sido tomadas pelos governos. Com Temer foi diferente. Ele foi ao programa como parte de uma campanha de convencimento de um projeto ainda não aprovado, que divide tanto a população quanto os deputados que precisam analisá-lo. Silvio, ao defender a proposta, colocou-se como garoto-propaganda do governo.

Esta ida de Temer ao SBT e o apoio de Silvio Santos à reforma da Previdência começaram a ser costurados nove meses antes em um ambiente insólito, o salão do cabeleireiro Jassa, que presta serviços tanto ao presidente quanto ao empresário e também ao apresentador Ratinho. Como relataram Tânia Monteiro e Vera Rosa, no *Estadão*, em uma visita a Jassa em abril de 2017, Temer falou da resistência que estava enfrentando com a proposta de reforma. "Jassa, então, falou que Ratinho poderia ajudá-lo e o apresentador sugeriu, então, que Temer falasse com Silvio Santos." Ainda segundo as jornalistas, o presidente e o apresentador voltaram a conversar por telefone uma semana depois e agendaram um jantar com Silvio Santos.

Por coincidência, observaram, o jantar ocorreu um dia depois de a Polícia Federal ter deflagrado a chamada Operação Conclave, destinada a investigar suspeitas de pagamento de propina e lavagem de dinheiro na venda do Banco Panamericano para o BTG Pactual. Na ocasião, o juiz da 10ª Vara Federal em Brasília, Vallisney de Souza Oliveira, autorizou 47 mandados de busca e apreensão e a quebra de sigilo bancário e fiscal de 37 investigados, entre pessoas e empresas. A operação mirou funcionários da Caixa, do Banco Central e executivos do BTG Pactual. Henrique Abravanel, irmão caçula de Silvio Santos, também foi alvo da operação.

## O legado de Silvio

Nada mais cartesiana que a lógica de um bom homem de negócios. Por isso, gosto muito deste diálogo de Silvio com o repórter Joelmir Tavares, da *Folha*, em junho de 2013:

Joelmir: O sr. está negociando com Gugu Liberato?
Silvio: Não. Por enquanto, o Gugu não veio nos procurar não.
Joelmir: E a porta está aberta para ele?
Silvio: Está. Somos uma casa de negócios. Nós não temos esse negócio de saiu, não pode voltar. Todo mundo pode entrar e todo mundo pode sair, dependendo da negociação.
Joelmir: Se ele voltar, será como sócio do programa?
Silvio: Depende. Se ele topar, ele pode ser sócio. A gente pode fazer um outro acordo qualquer. Contanto que ele ganhe dinheiro e nós ganhemos dinheiro, não tem problema.

Por outro lado, tudo isso faz pensar sobre o legado de Silvio Santos. O que o empresário vai deixar? Qual é o lugar do comunicador Silvio Santos nessa história? O SBT, sua obra maior, representa o que, exatamente, para a televisão brasileira? Acho que este livro oferece algumas respostas.

É inegável que Silvio Santos percorreu até aqui uma trajetória única e inimitável. Nunca antes um comerciante, sem vínculos com o mercado de comunicação ou com a política, conseguiu erguer uma rede de televisão. Sem pudor, aproveitou da melhor forma possível o fato de ser, também, um popular apresentador para conquistar simpatias. E sem sutileza alguma usou o seu programa para retribuir favores alcançados junto aos homens do poder.

Essas duas facetas de Silvio – o homem ao mesmo tempo empresário poderoso e apresentador popular – ajudaram a dar uma visibilidade sem paralelo ao negócio da televisão. Da mesma forma, ao entrar para a política, motivado por vaidade ou loucura, ele ajudou a iluminar aspectos nada edificantes do meio. Apesar dos ares de escárnio, a transparência do Silvio candidato à presidência da República ilumina um pedaço do submundo da política.

O Brasil começou o século XXI com três grandes redes de TV comerciais abertas. A Globo, muitos passos à frente das demais, seguida por SBT e Record, numa luta intensa pela vice-liderança. Dediquei um capítulo deste livro às relações que Silvio manteve por décadas com Roberto Marinho e, mais recentemente, com Edir Macedo. Dei-me conta de que, diante do clima bélico existente entre a família Marinho e Macedo, o dono do SBT se habilita como o único capaz de conversar com os dois lados. Não é pouca coisa.

Um outro aspecto revelador é a relação de Silvio com o jornalismo. Não me parece saudável em uma sociedade democrática o aparente pouco-caso de um empresário da comunicação pelo jornalismo. Com exceção de um período de dez anos, ao longo dos quais investiu na área, Silvio sempre enxergou o jornalismo pela ótica de quem analisa unicamente as planilhas de custo.

Evitei escarafunchar aspectos da vida pessoal de Silvio neste livro. Deixo essa tarefa para a infinidade de biógrafos que já fizeram e ainda farão isso. Mas procurei registrar uma outra questão que me inquieta: a confusão que o próprio Silvio ajudou a criar em relação a aspectos de sua vida. Por falta de disposição de alguns e conivência de outros, foi erguida uma mitologia espantosa a respeito do homem, que não ajuda muito no esforço de conhecê-lo ou compreendê-lo. Espero, ao menos, ter conseguido fazer um alerta a respeito desse problema.

Ao mesmo tempo, é preciso registrar que, ao longo da grande pesquisa que fiz, tive o prazer de ler ou reler trabalhos admiráveis de colegas jornalistas. Profissionais que tentaram entender Silvio, confrontaram-no com questões difíceis, apontaram problemas e ajudaram a desenhá-lo de forma mais clara. Silvio pode não gostar de jornalistas, mas jornalistas amam Silvio. E ele sempre foi uma grande história.

Em dezembro de 2018, Silvio completa 88 anos. Há quase seis décadas está no comando dos próprios programas na televisão. Há 42 anos é dono de canais de televisão. É uma trajetória longa e sem paralelo no meio, mas que expõe o apresentador a um juízo permanente e, às vezes, inclemente do público.

Nos últimos anos, Silvio foi frequentemente acusado de machismo por conta de brincadeiras sexistas que fez com convidadas. São as mesmas piadas de duplo sentido e insinuações com as quais ele sempre divertiu seu público, mas que não são mais vistas, ao menos por parte dos espectadores, como engraçadas.

Em 2017, por exemplo, o Ministério Público do Trabalho, em São Paulo, processou o SBT pedindo que a emissora pagasse 10 milhões de reais de indenização por "danos morais coletivos". A ação dizia respeito a um constrangimento sofrido pela atriz Maisa Silva no *Programa Silvio Santos*. Na ocasião, Silvio sugeriu que a menina, de quinze anos, namorasse o apresentador Dudu Camargo, de dezenove. Maisa claramente mostrou incômodo com as brincadeiras, mas Silvio insistiu, provocando-a. O MPT viu "violações à intimidade, à vida privada, à honra, à imagem de seus empregados e discriminação de gênero" na situação.

A essa altura, obrigar o apresentador a mudar talvez seja, mesmo, uma violência. Mas o processo ajudou a mostrar que, ao ignorar os dias atuais e insistir em comandar o seu auditório como antigamente, Silvio se tornou símbolo de uma televisão que envelheceu. Ou, na melhor das hipóteses, que não está adaptada ao mundo contemporâneo.

Mais grave, na minha opinião, é a impressão de que o SBT, sob o comando de Silvio, não parece preocupado com as modificações drásticas pelas quais a televisão, enquanto meio de comunicação, está passando. Com uma programação ancorada em programas de auditório antigos, séries estrangeiras envelhecidas, pouco jornalismo, nada de esporte, quilos de folhetins mexicanos e apenas uma novela própria, a emissora tem a sua identidade atrelada fortemente a Silvio Santos.

É difícil imaginar um SBT sem ele e, creio, isso ocorre muito por sua disposição ou, se preferir, culpa. Por mais que prestigie as filhas, quase todas envolvidas na emissora, Silvio sabe que não será substituído por nenhuma delas. Mesmo Patrícia Abravanel, aquela que mostra mais disposição para enfrentar os palcos, nunca será vista como uma substituta, por mais simpatia que transmita. Em todo caso, no início de 2017, Silvio mandou uma mensagem clara de que não pretende se desfazer do SBT. Quatro decretos assinados pelo presidente Michel Temer em 23 de fevereiro daquele ano autorizaram o empresário a transferir a propriedade das concessões do SBT (São Paulo, Rio de Janeiro, Porto Alegre e Brasília) a suas filhas.

A revolução digital não vai acabar com o projeto de TV popular idealizado por seu fundador, mas é preciso se preparar para recebê-la. Silvio não dá sinais de que tem pressa para fazer isso. Como alguns de seus concorrentes, o SBT parece apostar que o brasileiro ainda vai demorar a trocar a TV aberta por outras formas de entretenimento audiovisual. Na minha visão, é uma aposta no atraso.

Espero, aqui, ter conseguido mostrar que tanto a impressionante trajetória empresarial de Silvio Santos quanto seu sucesso como apresentador (ou "animador", como ele mesmo prefere) são únicos na TV brasileira. Isso, no entanto, não exclui a necessidade, para quem se interessa por televisão, de tentar compreender melhor alguns aspectos envolvidos em suas "duas carreiras". De qualquer forma, perceber os erros, procurar corrigir mitos, apontar truques ou criticar absurdos não diminui em nada o lugar que Silvio Santos ocupa na história.

[na página anterior] "Bom comerciante", nas suas próprias palavras, Silvio Santos está na televisão desde 1960 e apresenta um programa com o seu nome desde 1963.

De Figueiredo a Michel Temer, passando por Sarney, Collor, FHC, Lula e Dilma, Silvio nunca negou sorrisos nem elogios aos presidentes do Brasil. "Eu sou um concessionário, um 'office boy' de luxo do governo. Faço aquilo que posso para ajudar o país e respeito o presidente, qualquer que seja o regime", disse em 1988. O infame quadro "A Semana do Presidente" ficou no ar por quinze anos, entre junho de 1981 e dezembro de 1996.

Silvio Santos é "gente como a gente". Desde o início, reforçou seus laços com o público encarando todo tipo de brincadeira.

Silvio já sofreu vários tombos e até perdeu as calças durante gravações do seu programa, e fez questão que as imagens fossem exibidas.

Em 2017, um episódio com a menina Maísa levou o Ministério Público do Trabalho a processar o SBT.

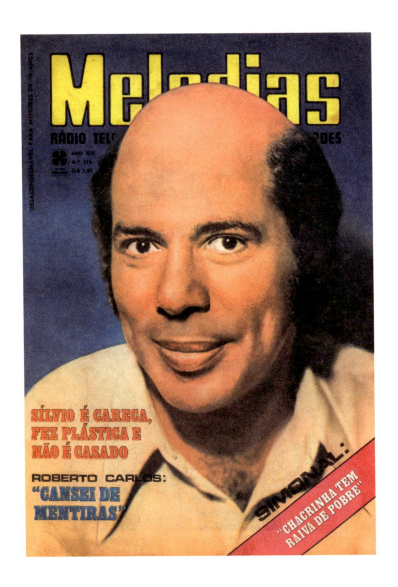

Reza a lenda que Silvio topou aparecer nesta montagem da revista *Melodias* em 1971 como um favor ao editor Manaia Nunes. "Para aumentar sua vendagem, era preciso criar um assunto de impacto", explicou posteriormente o seu biógrafo oficial.

[páginas 230-2] Entre as décadas de 1960 e 1980, Silvio fez muito mistério sobre a sua vida pessoal, mas nunca se importou com a publicação de capas de revistas e reportagens com títulos apelativos, cômicos ou enigmáticos a seu respeito.

Entre outras imprecisões, a primeira biografia de Silvio, uma história em quadrinhos publicada em 1969, sugere que a família Abravanel, de origem judaica, comemorava o Natal.

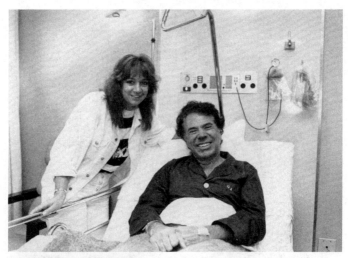

Em janeiro de 1989, ainda no leito do hospital, após uma cirurgia para corrigir um problema nas cordas vocais, Silvio anunciou a intenção de disputar a presidência da República no fim do ano.

Como não houve tempo de incluir seu nome na cédula eleitoral, Silvio teve que explicar ao eleitor: "Então: 26, Corrêa. Só que não é Corrêa. É 26, Silvio Santos. Porque 26 é o Silvio Santos".

Dermeval Gonçalves foi recrutado por Silvio Santos na Receita Federal no final dos anos 1960, se tornou um importante executivo do grupo e, posteriormente, trocou o Patrão pelo rival Edir Macedo.

Silvio Santos sempre escondeu do público o seu casamento com Maria Aparecida, a Cidinha, que morreu em 1977. "Uma das coisas imperdoáveis que fiz", avaliou em 1988.

Arlindo Silva conheceu Silvio ao fazer uma reportagem para a revista *O Cruzeiro* em 1971. Foi o início de uma grande amizade, que fez do jornalista o principal assessor de imprensa do empresário por anos. Arlindo escreveu duas biografias de Silvio, que ajudaram a fixar a maior parte dos mitos sobre ele.

Para "resgatar" Gugu Liberato, que assinou contrato com a Globo, Silvio Santos foi parar na sala de Roberto Marinho. Segundo seu relato, conversaram sobre pesca submarina.

A contratação de Boris Casoy, em 1988, marca o início de um breve período, de dez anos, em que o SBT investiu em jornalismo.

O *Aqui Agora*, nascido em 1991, foi uma experiência radical de jornalismo popular. O repórter Gil Gomes, com sua voz cavernosa, transformava casos policiais corriqueiros em dramas espetaculares.

Em maio de 1988, Jô Soares e Silvio criticaram a Globo por não exibir comerciais protagonizados por artistas do SBT.

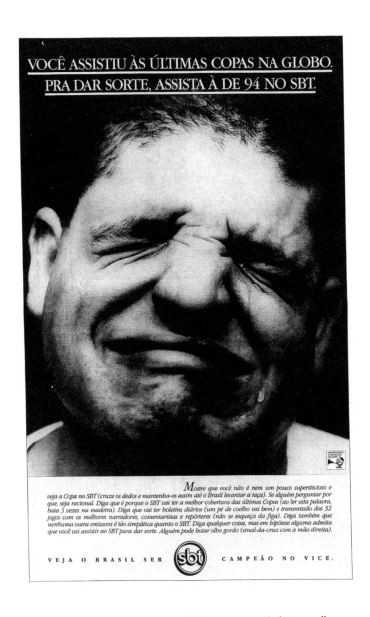

"Veja o Brasil ser campeão no vice." Em 1994, o SBT ainda se orgulhava de ser "campeão da vice-liderança", slogan lançado em 1986. Em 2007, a emissora perdeu o posto de segundo lugar para a Record.

Em agosto de 2015, Silvio se deslumbrou ao visitar o Templo de Salomão na companhia de Edir Macedo. "Foi uma iluminação de Deus", elogiou.

Questionado, em 2010, sobre a fraude e quebra do Banco Panamericano, de sua propriedade, Silvio disse: "Nem sei onde é o prédio".

Silvio Santos apresentando o Troféu Imprensa, que até hoje premia os melhores da televisão.

[na página seguinte] Ao lado de militares, Silvio Santos comemora o aniversário de seu programa, em 1965.

# Referências bibliográficas

ABREU, Alzira Alves de. *A modernização da imprensa (1970-2000)*. Rio de Janeiro: Jorge Zahar, 2002.
AWI, Fellipe. *Filho teu não foge à luta*. Rio de Janeiro: Intrínseca, 2012.
BATISTA, Márcia; MEDEIROS, Anna. *Silvio Santos, a biografia*. São Paulo: Universo dos Livros, 2017.
BIAL, Pedro. *Roberto Marinho*. Rio de Janeiro: Jorge Zahar, 2004.
BORGERTH, Luiz Eduardo. *Quem e como fizemos a TV Globo*. São Paulo: A Girafa, 2003.
CARDOSO, Tom; ROCKMANN, Roberto. *O Marechal da Vitória*. São Paulo: A Girafa, 2005.
CARVALHO, Luiz Maklouf. *Cobras criadas*. São Paulo: Senac, 2001.
CARVALHO, Maria Alice Rezende de. *Irineu Marinho, imprensa e cidade*. São Paulo: Globo, 2012.
CHIARI, Tatiana. *Silvio Santos, a história de um vencedor*. São Paulo: Abril, 2001.
CLARK, Walter. *O campeão de audiência*. São Paulo: Nova Cultural, 1991.
CONTI, Mario Sergio. *Notícias do Planalto*. São Paulo: Companhia das Letras, 1999.
COSTA, Alcir Henrique da; SIMÕES, Inimá Ferreira; KEHL, Maria Rita. *Um país no ar*. São Paulo: Brasiliense, 1986.
DINES, Alberto. *O baú de Abravanel*. São Paulo: Companhia das Letras, 1990.
FIGUEIREDO, Ney Lima; FIGUEIREDO JR., José Rubens de Lima. *Como ganhar uma eleição*. São Paulo: Cultura Editores Associados, 1990.
FUTAGAWA, Cristiane B. (coord.). *Silvio Santos vem aí*. São Paulo: Museu da Imagem e do Som, 2016.
GENTIL, Lucas (curador). *Almanaque SBT 35 anos*. São Paulo: On Line, 2017.
LORÊDO, João. *Era uma vez... a televisão*. São Paulo: Alegro, 2000.
LOUZEIRO, José. *Urca*. Rio de Janeiro: Relume Dumará, 2000.
LUCCHETTI, R. F.; LIMA, Sérgio M. *Silvio Santos, Vida, luta e glória*. Porto Alegre: Avec, 2017.
MACEDO, Claudia; FALCÃO, Ângela; ALMEIDA, Cândido José Mendes de. *TV ao vivo: Depoimentos*. São Paulo: Brasiliense, 1988.
MACEDO, Edir. *Nada a perder 2*. São Paulo: Planeta, 2013.
MATTOS, Sérgio. *História da televisão brasileira*. Petrópolis: Vozes, 2010.

MIRA, Maria Celeste. *Circo eletrônico: Silvio Santos e o SBT*. São Paulo: Loyola, 1995.
\_\_\_\_. "O moderno e o popular na TV de Silvio Santos", in *História da Televisão no Brasil*. São Paulo: Contexto, 2010.
MIRANDA, Luci. *Dermeval Gonçalves: Nos bastidores da TV brasileira*. São Paulo: ABR, 2012.
MONTEIRO, Denílson. *Dez! Nota dez!*. São Paulo: Matrix, 2008.
MORAIS, Fernando. *Chatô, o rei do Brasil*. São Paulo: Companhia das Letras, 2001.
MORGADO, Fernando. *Silvio Santos: A trajetória do mito*. São Paulo: Matrix, 2017.
MOTTA, Cezar. *Até a Última Página: Uma história do Jornal do Brasil*. Rio de Janeiro: Objetiva, 2017
MOYA, Álvaro de. *Glória in Excelsior*. São Paulo: Imprensa Oficial, 2004.
OLIVEIRA SOBRINHO, José Bonifácio de (projeto e supervisão). *50/50: 50 anos de TV no Brasil*. São Paulo: Globo, 2000.
\_\_\_\_. *O livro do Boni*. Rio de Janeiro: Casa da Palavra, 2011.
PENTEADO, Léa. *Um Instante, Maestro!*. Rio de Janeiro: Record, 1993.
PINHEIRO JUNIOR. *A Última Hora (como ela era)*. Rio de Janeiro: Mauad, 2011.
PRIOLLI, Gabriel. *A sintonia do sucesso*. São Paulo, Noir, 2018.
RIBEIRO, Ana Paulo Goulart; SACRAMENTO, Igor; ROXO, Marco. *História da televisão no Brasil*. São Paulo: Contexto, 2010.
RICCO, Flávio; VANNUCCI, José Armando. *Biografia da Televisão Brasileira*. São Paulo: Matrix, 2017.
SANDOVAL, Luiz. *Aprendi fazendo*. São Paulo: Geração Editorial, 2011.
SILVA, Arlindo. *A vida espetacular de Silvio Santos*. São Paulo: L. Oren, 1972.
\_\_\_\_. *A fantástica história de Silvio Santos*. São Paulo: Editora do Brasil, 2000.
\_\_\_\_. *A fantástica história de Silvio Santos*. São Paulo: Seoman, 2017.
WALLACH, Joe. *Meu capítulo na TV Globo*. Rio de Janeiro: Topbooks, 2011.

## Entrevistas

Alberto Villas
Albino Castro
Boni (José Bonifácio de Oliveira Sobrinho)
Dudu Castro
Josias de Souza
Mario Sergio Conti

## Artigos, entrevistas e reportagens consultados

"A última da Cantareira", *Diário de Notícias*, 12 jun. 1952.
"A última da Cantareira", *Diário de Notícias*, 17 jun. 1952.
"O Globo, a rádio Globo e o Canal de TV", *O Globo*, 12 jul. 1957.
"Silvio Santos: 'Eu sou um comerciante'", *A Crítica*, número 3, 1969.
"O super Silvio, *Realidade*", 1º set. 1969.
"Silvio Santos faz na TV candidato beber purgante e é advertido pela Censura", *Jornal do Brasil*, 24 set. 1969.
"Os canais da fortuna", *Veja*, 7 abr. 1971.
"Um homem chamado Silvio Santos", *Última Hora*, 26 mar. 1971.
"O misterioso Silvio Abravanel", *Veja*, 28 maio 1975.
"Silvio Santos, acusado de comprar o juiz, não as terras", *Jornal da Tarde*, 5 jun. 1975.
"Silvio Santos agora é dono de televisão", *Folha de S.Paulo*, 24 out. 1975.
"Silvio Santos arremata por Cr$ 603 mil toda a massa falida da TV Continental", *Jornal do Brasil*, 30 out. 1975.
"Programa de Silvio Santos sai da Globo", *Folha de S.Paulo*, 16 nov. 1975.
"Silvio Santos conta tudo", *Realidade*, 1º dez. 1975.
"Apresentamos SS, produto de grande aceitação popular", *Folha de S.Paulo*, 20 dez. 1975.
"Canal 11 (Rio) no ar 6ª feira", *Folha de S.Paulo*, 12 maio 1976.
"Silvio Santos já está no ar", *Folha de S.Paulo*, 15 maio 1976.
"Ele vem aí", *Veja*, 19 maio 1976.
"Farofa, galinha e perfume barato, no Silvio Santos", *Folha de S.Paulo*, 6 dez. 1976.
"Duas colegas muito especiais de Silvio Santos", *Folha de S.Paulo*, 6 dez. 1976.
"O homem que ri", *Folha de S.Paulo*, 22 abr 1977.
"Silvio Santos, 200 milhões para atingir a próxima meta", *Jornal do Brasil*, 25 maio 1980.
"E tudo começou com Cr$ 3,00 (velhos)", *O Estado de S. Paulo*, 17 ago. 1983.
"Silvio Santos recebe o Canal 12 de Brasília", *Jornal do Brasil*, 2 fev. 1985.
"Animador explica como ajuda governo: só elogio", *O Estado de S. Paulo*, 11 mar. 1985.
"Golpe de mestre", *Veja*, 4 set. 1985.
"Rejeitada denúncia contra empresa de Silvio Santos", *O Estado de S. Paulo*, 19 mar. 1986.
"Nóbrega chama Silvio Santos de ladrão", *Folha da Tarde*, 8 maio 1987.
"Record, uma novela perto do fim", *Jornal da Tarde*, 9 maio 1987.
"A verdadeira vida de Silvio Santos", *O Estado de S. Paulo*, 18 out. 1987.
"Programa Silvio Santos vai sair temporariamente do ar", *Folha de S.Paulo*, 21 jan. 1988.
"Na crista da onda", *Jornal do Brasil*, 14 fev. 1988.

"Silvio Santos volta a gravar, mas ainda pode perder a voz", *Folha de S.Paulo*, 20 fev. 1988.
"Silvio Santos defende seu império familiar", *Folha de S.Paulo*, 21 fev. 1988.
"O baú não traz felicidade", *Jornal do Brasil*, 22 fev. 1988.
"Silvio Santos está só", *Jornal do Brasil*, 2 mar. 1988.
"Silvio Santos entra no PFL e pode ser candidato a prefeito", *Folha de S.Paulo*, 4 mar. 1988.
"Silvio Santos faz suspense, mas Mãe Dinah crê na candidatura", *Folha da Tarde*, 5 mar. 1988.
"Saltos do tigre", *Veja*, 9 mar 1988.
"Silvio Santos, um negócio de 240 milhões de dólares", *Jornal do Brasil*, 20 mar. 1988.
"Para Silvio Santos, Jânio é um gênio e possui a força", *Folha da Tarde*, 28 mar. 1988.
"O doutor Silvio", *Revista Imprensa*, 1º abr. 1988.
"Apresentador formaliza ao PFL postulação à Prefeitura", *Folha de S.Paulo*, 12 jun. 1988.
"Silvio Santos, favorito para presidente", *O Estado de S. Paulo*, 3 jul. 1988.
"Silvio volta e desiste de ser candidato", *O Estado de S. Paulo*, 21 jul. 1988.
"Tese aponta elementos autoritários na fala de Silvio Santos e nos comerciais", *Folha de S.Paulo*, 4 dez. 1988.
"Silvio diz que é apolítico e que qualquer partido lhe serve", *Folha da Tarde*, 8 dez. 1988.
"Silvio operado falando em Presidência", *Jornal da Tarde*, 1º fev. 1989.
"Silvio Santos ganha prévia do PFL", *Folha da Tarde*, 20 fev. 1989.
"Ideias sobre o Brasil e os brasileiros", *Folha de S.Paulo*, 24 fev. 1989.
"Baú maior", *Veja*, 5 jul. 1989.
"Silvio Santos procura partido para ser candidato", *Folha de S.Paulo*, 24 out. 1989.
"Preço de legenda assusta Silvio; PSD entra no jogo", *Folha de S.Paulo*, 28 out. 1989.
"Armando Corrêa negocia legenda com Silvio e acordo pode sair hoje", *Folha de S.Paulo*, 31 out. 1989.
"A 15 dias da eleição, Silvio Santos sai candidato, mas pode ser impugnado", *Folha de S.Paulo*, 1º nov. 1989.
"Para Sarney, Silvio 'embola' sucessão presidencial", *Folha de S.Paulo*, 1º nov. 1989.
"'Eu não entendo de política', diz o candidato", *Folha de S.Paulo*, 1º nov. 1989.
"Apoio de retransmissoras do SBT está dividido", *Folha de S.Paulo*, 1º nov. 1989.
"Silvio Santos se diz machista e autoritário", *Folha de S.Paulo*, 1º nov. 1989.
"Destino de Silvio é ser presidente, diz sua mulher", *Folha de S.Paulo*, 2 nov. 1989.
"Apresentador tinge o cabelo uma vez ao mês", *Folha de S.Paulo*, 2 nov. 1989.
"Sem interesse pela economia, Santos diz que se empenhará na área social", *Folha de S.Paulo*, 3 nov. 1989.
"Santos diz que não tem programa, apenas 'ideias'", *Folha de S.Paulo*, 3 nov. 1989.

"Candidato faz sua 1ª reunião de campanha", *Folha de S.Paulo*, 3 nov. 1989.
"Santos procura a imprensa", *Folha de S.Paulo*, 3 nov. 1989.
"Na primeira aparição, Santos faz papel de sério", *Folha de S.Paulo*, 6 nov. 1989.
"'Silvio Santos é um produto', diz seu criador", *Folha de S.Paulo*, 6 nov. 1989.
"Pesquisas desapontam Silvio Santos", *Folha da Tarde*, 6 nov. 1989.
"Procurador impugna pedido de registro de Santos", *Folha de S.Paulo*, 8 nov. 1989.
"Uma confusão chamada Silvio Santos", *Veja*, 8 nov. 1989.
"Santos admite incluir Lula em sua equipe de governo", *Folha de S.Paulo*, 9 nov. 1989.
"TSE extingue o PMB e impede que Silvio Santos dispute a Presidência", *Folha de S.Paulo*, 10 nov. 1989.
"Frustrado, Silvio chora e promete volta à política", *O Estado de S. Paulo*, 11 nov. 1989.
"Era uma vez 'três porquinhos'", *O Estado de S. Paulo*, 11 nov. 1989.
"Santos afunda em 9 dias com 'Operação Planalto'", *Folha de S.Paulo*, 12 nov. 1989.
"Troca de mãos", *Veja*, 15 nov. 1989.
"Silvio Santos", *O Estado de S. Paulo*, 7 jan. 1990.
"Dines narra a genealogia de Silvio Santos", *Folha de S.Paulo*, 17 fev. 1990.
"Silvio Santos filia-se a partido que apoiou Collor na eleição", *Folha de S.Paulo*, 3 abr. 1990.
"PRN e PST lançam Silvio Santos ao governo", *Folha de S.Paulo*, 20 abr. 1990.
"Ibope e lucros no mesmo baú. Do Silvio Santos", *Jornal da Tarde*, 29 jun. 1990.
"Silvio Santos construirá shopping no Bixiga", *Folha da Tarde*, 30 out. 1990.
"Silvio Santos diz que sua emissora vai continuar brega para sobreviver", *Folha de S.Paulo*, 9 jun. 1991.
"Dono da Record é Silvio Santos, diz governo", *Jornal da Tarde*, 21 jun. 1991.
"Silvio Santos inaugura banco múltiplo", *Folha de S.Paulo*, 22 jan. 1992.
"Silvio Santos vai apresentar programa diário", *Folha de S.Paulo*, 12 fev. 1992.
"PMDB escolhe Aloysio e Silvio Santos se filia ao PFL", *Folha de S.Paulo*, 19 mar. 1992.
"Silvio Santos pode rachar acordo PMDB-PFL", *Folha da Tarde*, 19 mar. 1992.
"Candidatura de Silvio Santos é rejeitada pelo PFL paulista", *Jornal do Brasil*, 21 mar. 1992.
"SBT é acusado de explorar jogo ilegal", *Jornal do Brasil*, 21 mar. 1992.
"PFL e PMDB 'fritam' candidatura Santos", *Folha de S.Paulo*, 15 abr. 1992.
"Silvio Santos contrata uma macaca para cabo eleitoral", *O Globo*, 1º maio 1992.
"Grupo tem 26 empresas e 10 mil funcionários", *Folha de S.Paulo*, 12 maio 1992.
"Deputados movem ação contra a Tele Sena", *O Estado de S.Paulo*, 28 maio 1992.
"Polícia registra crise conjugal de Silvio Santos", *Folha de S.Paulo*, 27 nov. 1992.
"Silvio quer demitir parentes de Iris", *Jornal do Brasil*, 4 dez. 1992.
"Novos capítulos da separação de Iris e Silvio Santos", *Veja SP*, 9 dez. 1992.

"'Minha mulher vai voltar pra mim porque gosto muito dela', diz Silvio", *Folha da Tarde*, 15 dez. 1992.
"Para ele, tédio originou crise", *Folha da Tarde*, 15 dez. 1992.
"Silvio e Iris agora são namorados", *Jornal do Brasil*, 11 mar. 1993.
"Silvio Santos esbanja know-how ao incorporar alcoviteira eletrônica", *Folha de S.Paulo*, 9 jan. 1994.
"Novo projeto no Bexiga inclui o Oficina", *Folha de S.Paulo*, 12 abr. 1994.
"Juiz manda intimar Silvio Santos para depor no caso da Tele Sena", *Folha de S.Paulo*, 27 abr. 1994.
"Silvio Santos preserva submissão feminina", *Folha de S.Paulo*, 27 jun. 1994.
"Silvio Santos é intimado no caso Tele Sena", *Folha de S.Paulo*, 6 abr. 1995.
"Silvio Santos fatura R$ 1 bi com Tele Sena", *Folha de S.Paulo*, 24 abr. 1995.
"SBT investe US$ 40 mi para mudar de sede", *Folha de S.Paulo*, 18 set. 1995.
"Receita cobra 5 anos de IR da Universal", *Folha de S.Paulo*, 30 dez. 1995.
"O que a Receita Federal investiga", *Folha de S.Paulo*, 30 dez. 1995.
"Collor viabilizou compra da Record, diz pastor", *Folha de S.Paulo*, 30 dez. 1995.
"Silvio Santos recusa candidatura a prefeito", *Folha da Tarde*, 12 mar. 1996.
"Juiz rejeita denúncia contra Silvio Santos", *Folha de S.Paulo*, 16 mar. 1996.
"Tribunal rejeita recurso contra Silvio Santos", *O Estado de S.Paulo*, 14 ago. 1996.
"Silvio Santos 'descobre' o daime", *Folha de S.Paulo*, 20 out. 1996.
"Internet e TV paga são os novos mercados para o SBT", *Folha de S.Paulo*, 10 mar. 1997.
"Grupo faturou R$ 1,7 bi em 96", *Folha de S.Paulo*, 10 mar. 1997.
"Silvio Santos não comparece a audiência com suposto filho", *Folha da Tarde*, 18 mar. 1997.
"Quem paga imposto no Brasil", *Veja*, 23 abr. 1997.
"Apresentador agora descansa no domingo", *Gazeta Mercantil*, 9 maio 1997.
"Silvio Santos compra hotel no Guarujá", *Folha de S.Paulo*, 23 maio 1997.
"Quem quer dinheiro", *Exame*, 2 jul. 1997.
"Juiz anula ato de criação da Tele Sena", *Folha de S.Paulo*, 3 jul. 1997.
"SBT muda programação e estrutura administrativa", *Folha de S.Paulo*, 10 jul. 1997.
"Cai audiência da emissora", *Folha de S.Paulo*, 10 jul. 1997.
"Silvio deve fazer teste de DNA", *Notícias Populares*, 21 ago. 1997.
"Silvio não faz teste de DNA", *Notícias Populares*, 22 ago. 1997.
"SBT muda sua estrutura administrativa", *Folha de S.Paulo*, 28 ago. 1997.
"Para arquiteto, Complexo Anhanguera está vazio", *Folha de S.Paulo*, 28 ago. 1997.
"'A empresa está evoluindo, mas Silvio não está acompanhando', diz Stoliar", *Folha de S.Paulo*, 28 ago. 1997.
"As colegas de trabalho", *Folha de S.Paulo*, 26 out. 1997.
"Silvio Santos aposta em trinca dos EUA", *Folha de S.Paulo*, 15 dez. 1997.
"Boa audiência não põe fim à instabilidade", *Folha de S.Paulo*, 15 dez. 1997.
"Mudança iniciou em 1995", *Folha de S.Paulo*, 15 dez. 1997.

"SBT entra na teia das corporações", *Folha de S.Paulo*, 15 dez. 1997.
"Fim do 'TJ Brasil' anuncia o novo SBT de Silvio Santos", *Folha de S.Paulo*, 31 dez. 1997.
"As mudanças na emissora para 98", *Folha de S.Paulo*, 31 dez. 1997.
"A imagem do dono", *Veja*, 4 fev. 1998.
"Quero sair de cena em dois anos", *O Estado de S. Paulo*, 24 maio 1998.
"Juiz decide sorte do jogo da Tele Sena", *Folha de S.Paulo*, 7 jun. 1998.
"Silvio Santos compra hotel no Guarujá", *Folha de S.Paulo*, 8 jun. 1998.
"SBT paga R$ 43 mi e tira Ratinho da Record", *Folha de S.Paulo*, 28 ago. 1998.
"Vendo SBT e compro outra, diz Silvio Santos a mercado", *Folha de S.Paulo*, 30 set. 1998.
"Anunciante ainda tem dúvidas", *Folha de S.Paulo*, 30 set. 1998.
"Estilo privilegia o imediato", *Folha de S.Paulo*, 30 set. 1998.
"Silvio Santos é processado por fraude financeira", *O Globo*, 5 nov. 1998.
"Silvio Santos depõe sobre paternidade", *Folha de S.Paulo*, 11 nov. 1998.
"Silvio Santos ganhou R$ 225 mi da Tele Sena", *Folha de S.Paulo*, 17 mar. 1999.
"Silvio Santos agora divide o poder no SBT", *Folha de S.Paulo*, 26 mar. 1999.
"SBT vive impasse da maioridade", *O Estado de S. Paulo*, 5 set. 1999.
"Quem quer ser como Silvio Santos", *Folha de S.Paulo*, 26 mar. 2000.
"'Show do Milhão', do SBT, gera processo", *Folha de S.Paulo*, 8 abr. 2000.
"Shopping é aprovado sem estudo de impacto viário", *Folha de S.Paulo*, 17 abr. 2000.
"A carta de Silvio", *Folha de S.Paulo*, 13 maio 2000.
"Para entender o caso Tele Sena", *Folha de S.Paulo*, 13 maio 2000.
"Apresentador narra sua trajetória nos negócios", *Folha de S.Paulo*, 13 maio 2000.
"Silvio ao vivo", *Veja*, 17 maio 2000.
"Grupo Silvio Santos fecha cerco contra teatro Oficina", *Folha de S.Paulo*, 29 jun. 2000.
"O camelô da rua do Ouvidor", *Folha de S.Paulo*, 16 set. 2000.
"Silvio Santos ganha biografia chapa-branca", *Folha de S.Paulo*, 28 out. 2000.
"Militares queriam quebrar monopólio da Rede Globo", *Folha de S.Paulo*, 28 out. 2000.
"Golbery, lobista do SBT", *Gazeta Mercantil*, 8 dez. 2000.
"Silvio Santos completa 70 anos hoje", *Folha da Tarde*, 12 dez. 2000.
"Silvio Santos consegue virar atração na Globo", *Folha de S.Paulo*, 26 fev. 2001.
"Oficina, 40, luta pela rua-teatro", *Folha de S.Paulo*, 16 ago. 2001.
"Silvio Santos passa mal e é atendido por médico", *O Globo*, 24 ago. 2001.
"Filha de Silvio Santos é libertada por R$ 500 mil", *Folha de S.Paulo*, 29 ago. 2001.
"Patrícia diz ter perdoado sequestradores", *Folha de S.Paulo*, 29 ago. 2001.
"Patrícia pretende procurar religioso", *Folha de S.Paulo*, 29 ago. 2001.
"Família já teve outro sequestro", *Folha de S.Paulo*, 29 ago. 2001.
"Alvo era qualquer familiar de Silvio Santos", *Folha de S.Paulo*, 30 ago. 2001.

"Dois morrem durante caçada a sequestrador", *Folha de S.Paulo*, 30 ago. 2001.
"'Inexperiente' faz Silvio Santos refém por 7 horas", *Folha de S.Paulo*, 31 ago. 2001.
"Autoridades atendem exigências", *Folha de S.Paulo*, 31 ago. 2001.
"Governo nega que atendeu pedidos", *Folha de S.Paulo*, 31 ago. 2001.
"Sequestrador ameaçou matar Silvio", *Folha de S.Paulo*, 31 ago. 2001.
"Empresário evita andar com segurança", *Folha de S.Paulo*, 31 ago. 2001.
"Iris e as filhas saíram de camisola e roupão", *O Estado de S.Paulo*, 31 ago. 2001.
"Silvio protegeu a vida do sequestrador", *Folha de S.Paulo*, 1º set. 2001.
"Vai acontecer uma tragédia. Ele vai me matar se o governador não vier", *Veja*, 5 set. 2001.
"Drama em reprise", *Veja*, 5 set. 2001.
"Um brasileiro tranquilo", *Veja*, 5 set. 2001.
"Justiça dos EUA processa Silvio Santos", *O Estado de S.Paulo*, 22 out. 2001.
"'Casa' é fenômeno no Ibope e na Justiça", *Folha de S.Paulo*, 14 nov. 2001.
"Na avenida ou nas telas, Silvio Santos deu show durante o ano", *O Estado de S. Paulo*, 23 dez. 2001.
"'Topa tudo pela fama', com romance de novela", *O Estado de S. Paulo*, 23 dez. 2001.
"Com a 'Casa', SBT abocanha publicidade", *O Estado de S. Paulo*, 23 dez. 2001.
"Silvio Santos, o homem-espetáculo", *Jornal do Brasil*, 29 dez. 2001.
"O homem do ano", *Folha de S.Paulo*, 31 dez. 2001.
"Parecer vê Tele Sena como 'aventura'", *Folha de S.Paulo*, 11 mar. 2002.
"Uma novidade efêmera", *O Estado de S. Paulo*, 30 abr. 2002.
"Jogadas de Silvio Santos às vezes não dão certo", *Folha de S.Paulo*, 28 jul. 2002.
"Ele tem 'feeling', diz diretor", *Folha de S.Paulo*, 28 jul. 2002.
"Silvio Santos divide SBT em 2 'empresas'", *Folha de S.Paulo*, 6 fev. 2003.
"Silvio Santos: fama de homem imprevisível", *O Estado de S. Paulo*, 11 jul. 2003.
"Silvio Santos desmente notícias sobre sua saúde ao vivo em programa do SBT", *Folha de S.Paulo*, 14 jul. 2003.
"Silvio Santos encontra Zé Celso no Oficina", *Folha de S.Paulo*, 19 abr. 2004.
"Silvio Santos cria 'conselho' e apavora SBT", *Folha de S.Paulo*, 18 mar. 2005.
"Silvio Santos entra no ramo de cosméticos", *Folha de S.Paulo*, 7 abr. 2005.
"Grupo Silvio Santos investe em hotel cinco estrelas no Guarujá", *Folha de S.Paulo*, 25 ago. 2005.
"Grupo Silvio Santos demole sinagoga no Bexiga e teatro Oficina protesta", *Folha de S.Paulo*, 29 out. 2005.
"Silvio Santos e os ídolos de antanho", *Folha de S.Paulo*, 23 abr. 2006.
"Silvio Santos tira 'SBT Brasil' da faixa nobre", *Folha de S.Paulo*, 29 maio 2006.
"Silvio Santos triplica orçamento de novela", *Folha de S.Paulo*, 4 jun. 2006.
"Conselho libera shopping de Silvio Santos", *Folha de S.Paulo*, 8 dez. 2006.
"'Aqui Agora' não vai repetir erros, diz diretor", *Folha de S.Paulo*, 3 mar. 2008.
"Silvio Santos acaba com 'Aqui Agora'", *Folha de S.Paulo*, 12 abr. 2008.

"Caixa deixa o controle com Silvio Santos", *O Estado de S.Paulo*, 2 dez. 2009.
"Em guerra com a Record, Globo homenageia Lombardi", *Blog Mauricio Stycer*, iG, 2 dez. 2009.
"Raul Gil conta que Silvio Santos resolveu contratá-lo por indicação do cabeleireiro Jassa", *O Globo*, 16 jun. 2010.
"Jequiti abre a primeira fábrica no país em 2013", *Valor Econômico*, 27 jul. 2010.
"Mais vai pra lá! Vai pra lá...", *O Estado de S.Paulo*, 29 ago. 2010.
"No Planalto, Silvio Santos convida Lula para apresentar o programa 'Teleton'", *Folha de S.Paulo*, 23 set. 2010.
"Caixa intervém no banco de Silvio Santos", *Folha de S.Paulo*, 10 nov. 2010.
"Silvio Santos terá que vender bens para cobrir rombo", *Folha de S.Paulo*, 11 nov. 2010.
"BC sabia de rombo em banco desde agosto", *Folha de S.Paulo*, 11 nov. 2010.
"Há indício de crime no banco, afirma BC", *Folha de S.Paulo*, 11 nov. 2010.
"SBT emprega 40 parentes de Silvio em cargos de confiança", *Folha de S.Paulo*, 11 nov. 2010.
"Não houve desvio, diz Grupo Silvio Santos", *Folha de S.Paulo*, 11 nov. 2010.
"Se pagar bem, claro que vendo o SBT", *Folha de S.Paulo*, 12 nov. 2010.
"Nem sei onde fica o prédio do PanAmericano", diz Silvio, *Folha de S.Paulo*, 12 nov. 2010.
"Império começou com o Baú da Felicidade, há mais de meio século", *Folha de S.Paulo*, 12 nov. 2010.
"Grupo SS representa 20% do faturamento do SBT", *Folha de S.Paulo*, 12 nov. 2010.
"Fundo do baú", *Folha de S.Paulo*, 14 nov. 2010.
"Cai presidente do Grupo Silvio Santos; Stoliar assume posto", *Folha de S.Paulo*, 19 nov. 2010.
"Grupo Silvio Santos se muda para o SBT", *Folha de S.Paulo*, 20 nov. 2010.
"Voz própria", *Folha de S.Paulo*, 28 nov. 2010.
"Todos os homens de Silvio", *Exame*, 1º dez. 2010.
"Vamos sorrir e cantar", *O Estado de S.Paulo*, 12 dez. 2010.
"80 anos, 80 histórias", *Folha de S.Paulo*, 12 dez. 2010.
"Como o que é tosco tem virado cult, SS tende a ser perdoado", *Folha de S.Paulo*, 12 dez. 2010.
"O homem que cuida dos aviões de Silvio Santos", *Folha de S.Paulo*, 9 jan. 2011.
"Pactual leva banco de Silvio por R$ 450 mil", *Folha de S.Paulo*, 1º fev. 2011.
"O Silvio que não sorri", *Folha de S.Paulo*, 6 fev. 2011.
"PanAmericano, a novela de uma fraude contábil", *O Globo*, 12 mar. 2011.
"Quem vai substituir Silvio Santos?", *Você S/A*, 1º jun. 2011.
"Silvio sem baú", *IstoÉ*, 19 jun. 2011.
"Magazine Luiza compra lojas do Baú da Felicidade por R$ 83 mi", *Folha de S.Paulo*, 14 jun. 2011.

"Teatro Imprensa fecha para reduzir custos do Grupo SS", *Folha de S.Paulo*, 16 jul. 2011.
"A dramática luta de Silvio Santos", *Dinheiro*, 17 nov. 2011.
"A alegria de Silvio", *Época*, 5 dez. 2011.
"O rei está nu", *Folha de S.Paulo*, 19 ago. 2012.
"Mestre do 'stand-up', Silvio ri de si mesmo atrás de Ibope", *Folha de S.Paulo*, 19 ago. 2012.
"Silvio sem noção", *Folha de S.Paulo*, 19 ago. 2012.
"Silvio Santos em ritmo de pegadinha", *Folha de S.Paulo*, 9 dez. 2012.
"Iris Abravanel: 'Estou pensando em negociar um aumento no SBT'", *IstoÉ*, 12 dez. 2012.
"Show do bilhão", *Poder*, 1º abr. 2013.
"Silvio Santos e a imprensa", *Folha de S.Paulo*, 5 maio 2013.
"Um baú de bugigangas", *Folha de S.Paulo*, 23 jun. 2013.
"Silvio Santos corta perguntas em entrevista do bispo Macedo", UOL, 25 abr. 2014.
"Aos 85 anos, Silvio Santos dá 10 provas que é o brasileiro mais divertido", *Blog do Mauricio Stycer*, UOL, 7 dez. 2015.
"Com 'revólver da fortuna', Silvio inova ao distribuir dinheiro e quase cai", UOL, 3 jul. 2016
"Silvio Santos poderá transferir para filhas concessões do SBT", *Folha de S.Paulo*, 24 fev. 2017.
"Irmão de Silvio Santos é alvo da Operação Conclave", *O Estado de S.Paulo*, 19 abr. 2017.
"PF investiga compra do Banco Pan pela Caixa Econômica e pelo BTG Pactual", *Folha de S.Paulo*, 19 abr. 2017.
"Procuradoria diz que Silvio Santos e Lula se reuniram para 'salvar Panamericano'", *O Estado de S.Paulo*, 20 abr. 2017.
"Temer pede ajuda a Silvio Santos na defesa da reforma da Previdência", *O Estado de S. Paulo*, 20 abr. 2017.
"Quando Silvio Santos troca as palhaçadas pela política", *Folha de S.Paulo*, 7 maio 2017.
"Silvio Santos: Qualquer garoto no ensino fundamental pode apresentar telejornal", *Blog do Mauricio Stycer*, UOL, 29 maio 2017.
"Juiz condena ex-diretores do Panamericano", *Folha de S.Paulo*, 9 fev. 2018.
"CVM multa Silvio Santos Participações em R$ 38,1 mil no caso Panamericano", *O Estado de S.Paulo*, 27 fev. 2018.

# Agradecimentos

Ao ler reportagens publicadas sobre Silvio Santos entre 1952 e 2018, tive o prazer de reencontrar o trabalho de inúmeros jornalistas que já conhecia de nome ou pessoalmente. Dedico este livro a todos eles, cujos nomes e veículos onde trabalhavam são citados ao longo das páginas. Dessa forma explicito o meu respeito por quem, ao longo de tantos anos, também buscou compreender o personagem além do mito.

Agradeço, em especial, a Rodrigo Flores, diretor de conteúdo, e Diego Assis, editor de entretenimento do UOL, pelo apoio e pela liberdade total que desfruto no meu trabalho diário como repórter e crítico de TV do portal.

Um excelente dossiê preparado pelo Banco de Dados da *Folha de S.Paulo* serviu de ponto de partida para a pesquisa e me apontou aspectos que eu desconhecia ou negligenciava em relação a Silvio Santos.

Flavio Moura, editor da Todavia, não apenas deu um grande estímulo a este projeto como se mostrou o melhor leitor que eu poderia ter, com críticas, sugestões e orientações de caminhos a seguir. Naturalmente, todos os eventuais equívocos cometidos são de minha exclusiva responsabilidade.

Sou muito grato a todos que perderam tempo comigo falando ou escrevendo sobre o personagem deste livro, em especial os amigos e jornalistas Alberto Villas, Josias de Souza e Mario Sergio Conti, bem como Albino Castro, Boni e Dudu Castro. Agradeço, ainda, a diferentes colaborações de Alan

Gomes, Fernando Morgado, Flávio Ricco, Marcos Wilson e Maísa Alves, além das fontes que colaboraram de forma anônima.

Ao meu irmão, Daniel, pelas dicas e pelo apoio de sempre, e à Lígia, por me instigar a conhecer melhor um lado B do SBT, o meu carinho e agradecimento.

# Créditos das imagens

pp. 225 e 227 Moacyr do Santos/ TV Tupi
p. 226 [a] Givaldo Barbosa/ CB/ D.A Press; [b] Arquivo/
CB/ D.A Press; [d] Eduardo Knapp/ Folhapress;
[e] Ricardo Stuckert/ Presidência da República; [g] Alan Santos/ PR
p. 229 Revista *Melodias*/ Reprodução Renato Parada
p. 230 Revista *Melodias*
p. 231 [acima] Revista *Melodias*; [abaixo] Revista *Sétimo Céu*
p. 232 Revista *Amiga*
p. 233 *Silvio Santos: Vida, luta e glória*, de R. F. Lucchetti e
ilustração de Sérgio M. Lima/ Reprodução Renato Parada
p. 234 [acima] Célio JR/ Estadão Conteúdo;
[abaixo] Sergio Tomisaki/ Folhapress
p. 235 [à esquerda] Sergio Berezovsky/ Abril Comunicações S.A.;
[à direita] João B. da Silva/ Reprodução Renato Parada
p. 236 [a] Antonio Carlos Piccino / Agência O Globo; [b] Nani Gois/
Abril Comunicações S.A.; [c] Marcos Rosa / Abril Comunicações S.A.
p. 238 [abaixo] Agência O Globo
p. 239 Antonio Lucio/ O Cruzeiro/ EM/ D.A Press
p. 240 Elias/ Acervo UH/ Folhapress

© Mauricio Stycer, 2018

Todos os direitos desta edição reservados à Todavia.

Grafia atualizada segundo o Acordo Ortográfico da Língua Portuguesa de 1990, que entrou em vigor em 2009.

capa
Elohim Barros
composição
Marcelo Zaidler
pesquisa iconográfica
Ana Laura Souza
preparação
Mariana Donner
revisão
Valquíria Della Pozza
Huendel Viana

Dados Internacionais de Catalogação na Publicação (CIP)
--
Stycer, Mauricio (1961-)
Topa tudo por dinheiro: As muitas faces do empresário Silvio Santos: Mauricio Stycer
São Paulo: Todavia, 1ª ed., 2018
256 páginas

ISBN 978-85-88808-17-1

1. Biografia 2. Perfil biográfico 3. Reportagem 4. Comunicação

CDD 923.8
--
Índice para catálogo sistemático:
1. Biografia: Perfil biográfico 923.8

**todavia**
Rua Luís Anhaia, 44
05433.020 São Paulo SP
T. 55 11. 3094 0500
www.todavialivros.com.br

fonte
Register*
papel
Munken print cream
80 g/m²
impressão
Ipsis